GRöLS Verlage

„Bücher sind wie Fallschirme. Sie nützen uns nichts, wenn wir sie nicht öffnen."

Gröls Verlag

Redaktionelle Hinweise und Impressum

Das vorliegende Werk wurde zugunsten der Authentizität sehr zurückhaltend bearbeitet. So wurden etwa ursprüngliche Rechtschreibfehler *nicht* systematisch behoben, denn kleine Unvollkommenheiten machen das Buch – wie im Übrigen den Menschen – erst authentisch. Mitunter wurden jedoch zum Beispiel Absätze behutsam neu getrennt, um den Lesefluss zu erleichtern.

Um die Texte zu rekonstruieren, werden antiquarische Bücher von Lesegeräten gescannt und dann durch eine Software lesbar gemacht. Der so entstandene Text wird von Menschen gegengelesen und korrigiert – hierbei treten auch Fehler auf. Wenn Sie ebenfalls antiquarische Texte einreichen möchten, finden Sie weitere Informationen auf www.groels.de

Viel Freude bei der Lektüre wünscht Ihnen das Team des Gröls-Verlags.

Adressen

Verleger: Sophia Gröls, Im Borngrund 26, 61440 Oberursel

Externer Dienstleister für Distribution & Herstellung: BoD, In de Tarpen 42, 22848 Norderstedt

Unsere „Edition | Werke der Weltliteratur“ hat den Anspruch, eine der größten und vollständigsten Sammlungen klassischer Literatur in deutscher Sprache zu sein. Nach und nach versammeln wir hier nicht nur die „üblichen Verdächtigen“ von Goethe bis Schiller, sondern auch Kleinode der vergangenen Jahrhunderte, die – zu Unrecht – drohen, in Vergessenheit zu geraten. Wir kultivieren und kuratieren damit einen der wertvollsten Bereiche der abendländischen Kultur. Kleine Auswahl:

Francis Bacon • Neues Organon • **Balzac** • Glanz und Elend der Kurtisanen • **Joachim H. Campe** • Robinson der Jüngere • **Dante Alighieri** • Die Göttliche Komödie • **Daniel Defoe** • Robinson Crusoe • **Charles Dickens** • Oliver Twist • **Denis Diderot** • Jacques der Fatalist • **Fjodor Dostojewski** • Schuld und Sühne • **Arthur Conan Doyle** • Der Hund von Baskerville • **Marie von Ebner-Eschenbach** • Das Gemeindekind • **Elisabeth von Österreich** • Das Poetische Tagebuch • **Friedrich Engels** • Die Lage der arbeitenden Klasse • **Ludwig Feuerbach** • Das Wesen des Christentums • **Johann G. Fichte** • Reden an die deutsche Nation • **Fitzgerald** • Zärtlich ist die Nacht • **Flaubert** • Madame Bovary • **Gorch Fock** • Seefahrt ist not! • **Theodor Fontane** • Effi Briest • **Robert Musil** • Über die Dummheit • **Edgar Wallace** • Der Frosch mit der Maske • **Jakob Wassermann** • Der Fall Maurizius • **Oscar Wilde** • Das Bildnis des Dorian Grey • **Émile Zola** • Germinal • **Stefan Zweig** • Schachnovelle • **Hugo von Hofmannsthal** • Der Tor und der Tod • **Anton Tschechow** • Ein Heiratsantrag • **Arthur Schnitzler** • Reigen • **Friedrich Schiller** • Kabale und Liebe • **Nicolo Machiavelli** • Der Fürst • **Gotthold E. Lessing** • Nathan der Weise • **Augustinus** • Die Bekenntnisse des heiligen Augustinus • **Marcus Aurelius** • Selbstbetrachtungen • **Charles Baudelaire** • Die Blumen des Bösen • **Harriett Stowe** • Onkel Toms Hütte • **Walter Benjamin** • Deutsche Menschen • **Hugo Bettauer** • Die Stadt ohne Juden • **Lewis Caroll** • *und viele mehr….*

Franz Grillparzer

Der Traum ein Leben

Dramatisches Märchen in vier Aufzügen

Inhalt

Personen:

Massud, *ein reicher Landmann*
Mirza, *seine Tochter*
Rustan, *sein Neffe*
Zanga, *Negersklave*

Der König von Samarkand
Gülnare, *seine Tochter*
Der alte Kaleb *(stumm)*
Karkhan
Der Mann vom Felsen
Ein altes Weib
Ein Königlicher Kämmerer
Ein Hauptmann
Erster *und* Zweiter Anführer
Eine Dienerin Gülnarens
Gefolge *und* Kämmerlinge des Königs
Frauen *und* Dienerinnen Gülnarens
Zwei Verwandte Karkhans
Zwei Knaben. Diener. Krieger. Volk *beiderlei Geschlechts*

Erster Aufzug

Ländliche Gegend mit Felsen und Bäumen. Links im Vorgrunde eine Hütte. Neben der Tür eine Bank. Sommerabend. Hörnertöne erschallen aus der Ferne.

Mirza *(kommt aus der Hütte).*
Horch! War das nicht Hörnerschall?
Ja, er ist's! Er kommt! Er naht!

Doch so spät erst! – Warte, Wilder,
Du sollst mir's fürwahr entgelten!
Unerbittlich will ich sein,
Schmollen will ich, zürnen, schelten,
Und nur spät – erst spät verzeihn.

Ja, verzeihn! Das ist es eben,
Darin liegt das Maß des Unglücks.
Oh, man sollte grollen können,
Grollen, so wie andre fehlen,
Lang und unabänderlich,
Daß Verzeihung Preis der Beßrung
Und nicht Lohn des Fehlers schiene.
Denn es ist fürwahr nicht billig,
Daß die Strafe der Beleid'gung
Nicht einmal so lange währe,
Ach, als der Beleid'gung Schmerz.
Könnt' ich trotzig sein, wie er,
Oh, ich weiß, er wäre milder.

Doch wo bleibt er? Dort herüber
Schien des Hornes Ton zu kommen.
(Zurücktretend und nach allen Seiten blickend.)
Dort vom Hügel steigt ein Mann
Mit des Weidwerks Raub beladen.
Ob er's ist? – Die Sonne blendet.
Scheidend an der Berge Saum,
Schüttet sie, in Glut versunken
Ihres Brandes letzte Funken

Durch die abendliche Flur
Auf des späten Wandrers Spur.

Jetzo wendet er das Antlitz!
Rustan!? – – Armes, oft getäuschtes Herz!
Wohl ein Jäger schreitet her,
Rasch beflügelnd seine Schritte,
In der lauten Doggen Mitte,
Wohl ein Jäger, doch nicht er.

Trage, wunder Busen, trage,
Bist des Tragens ja gewohnt! *(Setzt sich.)*

Abend ist's, die Schöpfung *feiert,*
Und die Vögel aus den Zweigen,
Wie beschwingte Silberglöckchen,
Läuten aus den Feier *abend,*
Schon bereit, ihr süß Gebot,
Ruhend, selber zu erfüllen.
Alles folgt dem leisen Rufe,
Alle Augen fallen zu;
Zu den Hürden zieht die Herde,
Und die Blume senkt in Ruh'
Schlummerschwer das Haupt zur Erde.

Ferneher vom düstern Osten
Steigt empor die stille Nacht;
Ausgelöscht des Tages Kerzen,
Breitet sie den dunkeln Vorhang
Um die Häupter ihrer Lieben
Und summt säuselnd sie in Schlaf.

Alles ruht, nur er allein
Streift noch durch den stillen Hain,
Um in Berges dunkeln Schlünden,
Was er hier vermißt zu finden.
Und mich martert hier die Sorge,
Und mich tötet hier die Angst.

Jener Jäger, Kaleb ist's,
Sieh, sein Weib eilt ihm entgegen
Mit dem Kleinen an der Brust.
Wie er eilt sie zu erreichen!
Und der Knabe streckt die Hände
Jauchzend nach dem Vater aus.

Ihr seid glücklich! – Ja, ihr seid's!

(Sie versinkt in Nachdenken.)
(Massud kommt aus der Hütte.)

Massud.
Mirza!

Mirza.
Rustan!

Massud.
Ich bin's, Mirza!
Mädchen, lässest du den Vater
In der Dämmrung so allein?

Mirza.
Ach, verzeiht, ich wollte sehen –

Massud.
Ob er komme?

Mirza.
Ach, ja wohl.

Massud.
Nun, und –?

Mirza.
Keine Spur.

Massud.
's ist spät.

Mirza.
Nacht beinahe. Alle Jäger
Ringsum aus der ganzen Gegend
Sind zurück schon von den Bergen.
Glaubt mir, denn ich kenne alle,
Die in jenen Bergen jagen,
Muß ich sie nicht täglich zählen,
Wenn den letzten ich erwarte?
Alle Jäger sind zurück,
Er allein streift noch im Dunkeln.

Massud.
Ja, fürwahr, ein wilder Geist
Wohnt in seinem düstern Busen,
Herrscht in seinem ganzen Tun
Und läßt nimmerdar ihn ruhn.
Nur von Kämpfen und von Schlachten,
Nur von Kronen und Triumphen,
Von des Kriegs, der Herrschaft Zeichen
Hört man sein Gespräch ertönen;
Ja, des Nachts, entschlummert kaum,
Spricht von Kämpfen selbst sein Traum.
Während wir des Feldes Mühn
Und des Hauses Sorge teilen,
Sieht man ihn bei Morgens Glühn
Schon nach jenen Bergen eilen.
Dort, nur dort im düstern Wald
Ist des Rauhen Aufenthalt,
Du bist, alles ist vergessen,
Und es scheint ihm hohe Lust,
Mal die Wildheit seiner Brust
An des Waldes Wild zu messen.
Das ist ein unselig Treiben!
Ich beklage dich, mein Kind.

Mirza.
Scheltet drum ihn nicht, mein Vater!
War er doch nicht immer so.

Oh, ich weiß wohl eine Zeit,
Wo er sanft war, fromm und mild,
Wo er stundenlange saß
Auf dem Grund zu meinen Füßen,
Bald des Hauses Arbeit teilend,
Bald ein Märchen mir erzählend,
Bald – o glaubt mir, lieber Vater,
Er war damals sanft und gut.
Hat er seither sich verändert,
Ei, er kann sich wieder ändern
Und er wird's, gewiß, er wird's.

Massud.
Wähnst du mich zu überzeugen,
Und kannst es dich selber nicht?

Mirza.
Glaubt, mein Vater, dieser Sklave,
Zanga, er trägt alle Schuld.
Seit er trat in unsre Hütte,
Seit erklang sein Schmeichelwort,
Floh die Ruh' aus unsrer Mitte
Und aus Rustans Busen fort.
Rustan, wahr ist's, schon als Knabe
Horcht' er gerne großen Taten,
Übt' er gerne Ungewohntes,
Wollt' er gerne was er kann,
Wär' das schlimm? Er ist ein Mann.
Stets doch hielt er die Gedanken
In des Hauses frommen Schranken
Und gebot dem raschen Mut.
Zanga kam. Sein Hauch, verstohlen,
Blies die Asche von den Kohlen
Und entflammte hoch die Glut.

Oh, ich habe sie belauscht!
Oft, wenn Rustan mir versprochen,
Nicht zu gehen nach den Bergen,

Und er still und ruhig saß;
Da trat Zanga vor ihn hin,
Und von Schlachten hört' ich's tönen,
Und von Kämpfen und von Siegen.
Hoch empor und immer höher
Stieg die Glut in Rustans Wangen,
Jede seiner Fibern zuckte,
Und die Hände ballten sich;
Aus den tiefgezognen Brauen,
Schossen Blitze wilden Feuers,
Und zuletzt –
da sprang er auf,
Langte von der Wand den Bogen,
Warf den Köcher um den Nacken,
Und hinaus – hinaus zum Walde!

Massud.
Armes Kind! und achtet nicht,
Hart und sorglos, der Verkehrte!
Deines Kummers, deiner Angst.

Mirza.
Angst? Warum denn Angst, mein Vater?
Oh, ich weiß, der starke Rustan
Kennt nicht Furcht und nicht Gefahr.
Dann ist Zanga ja mit ihm.

Massud.
Doch nur zwei.

Mirza.
Er zählt für viele.

Massud.
In der Nacht –

Mirza.
Er kennt den Pfad.

Massud.
Wie so leicht ein wildes Tier –

Mirza.
Oh, es *flieht* das Wild den Jäger!

Massud.
Oder gar –

Mirza.
Was, Vater, was?
Sprecht es aus und tötet mich!

Massud.
Armes Kind, das ist dein Los,
Wenn dich, wie ich sonst wohl dachte,
Einst an ihn ein festres Band –

Mirza.
Vater, es wird kühl, wir wollen
In die Hütte doch zurück.
Eh' wir's denken, kommt auch er.

Massud.
Nun, so sei's denn, wie es ist!
Die dort oben mögen walten.
Was ihn heut zurückehält,
Denk ich wohl beinah zu wissen.

Mirza.
Wie? Ihr wißt? O sprecht!

Massud.
Dein Derwisch,
Der besorgte fromme Mann,
Der dort haust in jenem Walde,
Sandte kaum nur schnelle Botschaft,
Mir zu melden, daß man sage,
Rustan habe Streit erhoben
Auf der Jagd mit einem Weidmann.

Mirza.
Streit? Mit wem?

Massud.
Mit Osmin, heißt es,
Unsers Emirs ältstem Sohn,
Der am Hof zu Samarkand
In des Königs Kammer dienet,
Und, mit Urlaub bei dem Vater,
Sich den Jägern beigesellt.
Rustan schlug nach ihm und –

Mirza.
Mehr noch?

Massud.
Und sie griffen zu den Waffen.

Mirza.
Waffen?

Massud.
Doch man schied sie schnell,
Und der Streit ward ausgetragen.

Mirza.
Doch vielleicht –

Massud.
Sei ruhig, Kind!
Osmin ist schon heimgekehrt
Und nichts weiter zu besorgen.
Aber Rustan ahnet wohl,
Daß mir Kunde seiner Raschheit,
Und er scheut, mir zu begegnen.
Kaum wird's vollends Nacht, so schleicht er,
Seines Oheims Blick vermeidend,
Leise wohl in sein Gemach.
Darum, Mirza, laß uns gehn;
Unsre Gegenwart, bedünkt mich,
Hielt ihn wohl so lange fern.

Mirza.
Und Ihr zürnt ihm?

Massud.

Sollt' ich nicht?
Siehst du mich schon flehend an?
Oh, ich weiß wohl, jedes Wort,
Tadelnd, rauh zu ihm gesprochen,
Wie ein Pfeil aus schwachen Händen,
Prallt von seinem starren Busen
Und dringt in dein weiches Herz.
Komm nur, komm! Ich will nicht schelten.

(Beide in die Hütte ab.)
(Pause. Dann schleicht Zanga, nach allen Seiten umherspähend, herein.)

Zanga.
Kommt nur, Herr! die Luft ist rein!

(Rustan tritt auf mit Bogen und Köcher.)

Zanga.
Munter, Herr! was soll das heißen?
Warum düster und beklommen?
Was ist Arges denn geschehn?
Daß Ihr einem platten Jungen,
Der recht unverständig prahlte,
Euch zu höhnen sich erfrechte,
Etwas unsanft mitgespielt,
Das ist alles. Und was weiter?
Euer Oheim wird wohl schelten;
Sei es drum! Gönnt ihm die Lust.

Rustan.
Glaubst du, daß ich seine Worte,
Seines Tadels Ausbruch scheue?
Nimmer brauch ich zu erröten,
Was ich tat, kann ich vertreten;
Könnt' ich's nicht, ich wär' nicht hier.
Nicht der Schmerz, den mir sein Zürnen,
Der, den es ihm selber kostet,
Macht mich seinen Anblick fliehn.

Könnt' er all doch seine Sorge,
Seine Angst um mich, mit einem,
Einem Feuergusse strömen
Auf dies unverwahrte Herz,
Und dann kalt und ruhig bleiben
Bei des Wilden Tun und Treiben,
Hier! er kühle seinen Schmerz.
Aber, daß ich sehen muß,
Wie der Nahverwandten Wünsche,
Gleich entzügelt wilden Pferden,
Nord- und südenwärts gespannt,
An dem Leichnam unsers Friedens,
Raschgespornt, zerfleischend reißen;
Daß ich sehe, wie wir beide,
Bürgern gleich aus fremden Zonen,
Bang uns gegenüberstehn,
Sprechen und uns nicht begreifen,
Einer mit dem andern zürnend,
Ob gleich Lieb' in beider Herzen,
Weil, was Brot in einer Sprache,
Gift heißt in des andern Zunge,
Und der Gruß der frommen Lippe
Fluch scheint in dem fremden Ohr:
Das ruft diesen Schmerz empor.

Zanga.
Nun, so lernt denn seine Sprache,
Er wird Eure nimmer lernen!
Und wer weiß? An Lektionen
Läßt's der alte Herr nicht fehlen.
Bleibt im Land und nährt Euch redlich!
Auch die Ruhe hat ihr Schönes.

Rustan.
Spotte nicht! Denk an Osmin!
Gleicher Lohn harrt gleicher Frechheit.
Ha, bei Gott! Es soll kein Prahler
Trotzig vor mich hin sich stellen

Und mich mit den Augen messen,
Den verschämten, keuschen Degen
Wiegend auf den glatten Schenkeln.
Er soll's nicht, wenn nicht sein Kopf
Härter ist als Osmins Schädel,
Tücht'ger ist als diese Faust.
Bin ich nichts, ich kann noch werden,
Rasch und hoch ist Heldenbrauch;
Was ein andrer kann auf Erden,
Ei, bei Gott! das kann ich auch.

Zanga.
Herr, Ihr sprecht nach meinem Herzen.

Rustan.
Wie so schal dünkt mich dies Leben,
Wie so schal und jämmerlich!
Stets das Heute nur des Gestern
Und des Morgen flaches Bild.
Freude, die mich nicht erfreuet,
Leiden, das mich nicht betrübt,
Und der Tag, der stets erneuet,
Nichts doch als sich selber gibt.
Oh, wie anders dacht' ich's mir
In entschwundnen, schönern Tagen!

Zanga.
's ist auch anders, muß ich sagen.
Nur Geduld! es wird schon kommen.
Zeit tut alles, Zeit und Mut.
Jener Fürst von Samarkand,
Den Osmin als Herrn genannt,
War, wie Ihr, des Dorfes Sohn,
Jetzt von Macht und Glanz umgüldet;
Ihr seid aus demselben Ton,
Aus dem Glück die Männer bildet
Für den Purpur, für den Thron.

Rustan.
Oh, es mag wohl herrlich sein,
So zu stehen in der Welt
Voll erhellter, lichter Hügel,
Voll umgrünter Lorbeerhaine,
Schaurig schön, aus deren Zweigen,
Wie Gesang von Wundervögeln,
Alte Heldenlieder tönen,
Und vor sich die weite Ebne,
Lichtbestrahlt und reich geschmückt,
Die zu winken scheint, zu rufen:
Starker, nimm dich an der Schwachen!
Kühner, wage! Wagen siegt!
Was du nimmst, ist dir gegeben!
Sich hinabzustürzen dann
In das rege, wirre Leben,
An die volle Brust es drücken,
An sich und doch unter sich:
Wie ein Gott, an leisen Fäden
Trotzende Gewalten lenken,
Rings zu sammeln alle Quellen,
Die, vergessen, einsam murmeln,
Und in stolzer Einigung,
Bald beglückend, bald zerstörend,
Brausend durch die Fluren wälzen.
Neidenswertes Glück der Größe!
Welle kommt und Welle geht,
Doch der Strom allein besteht.

Zanga.
Recht! Der Strom allein besteht.

Rustan.
Schon mein Vater war ein Krieger,
Meines Vaters Vater auch,
Und so fort durch alle Grade.
Ihr Blut pocht in diesen Adern,
Ihre Kraft stählt diese Faust,

Und ich soll hier müßig träumen,
Schauen, wie sich jedermann
Lorbeern pflückt vom Feld der Ehre,
Früchte bricht vom Lebensbaum,
Und mich selbst zur Ruh' verdammen?

Zanga.
Ihr sollt nicht! beim Himmel, nicht!
Wenn Ihr wollt, ei, Herr, so handelt!
Ja, wenn die da drin nicht wären!
Dieser Oheim, diese Muhme
Hängen Euch wie schwere Fesseln –

Rustan.
Laß uns von was anderm sprechen!
Von was anderm, Zanga.

Zanga.
        Seht Ihr?
Da kommt Euer weiches Herz,
Und der Vorsatz ist zum Henker.
Oh, daß ich Euch draußen hätte,
Draußen aus dem dumpfen Tale,
Auf den Höhen, auf den Gipfeln,
In der unermeßnen Welt!
Herr, Ihr solltet anders sprechen!
Seht nur erst ein Schlachtgefild',
Hört nur erst Trompeten klingen,
Und es soll Euch Kraft durchdringen,
Wie sie diese Adern füllt.
Herr, ich war mal auch so wählig,
Als ich, freilich jung genug,
Meine ersten Waffen trug.
Ging im Kopf mir hin und her,
War das Herz mir zentnerschwer;
Als es hieß: dem Feind entgegen!
Schlug's da drin mit harten Schlägen,
Und die Nacht

Vor der Schlacht
Ward gar bange zugebracht.
Doch beim ersten Sonnenstrahl
Ward mir's klar mit einem Mal.
Ha! da standen beide Heere,
Zahllos, wie der Sand am Meere,
Still und stumm
Weit hinum,
Düster, wie das Nebelgrauen,
Das noch lag auf Feld und Auen.
Durch den Duftqualm sah man's blitzen
Von dem Strahl der Eisenspitzen,
Und als jetzt der Nebel wich,
Zeigte Roß und Reiter sich,
Da fühlt' ich mein Herz sich wandeln,
Jeder Zweifel war besiegt,
Klar ward's, daß im Tun und Handeln,
Nicht im Grübeln 's Leben liegt.
Und als nun erschallt das Zeichen,
Beide Heere sich erreichen,
Brust an Brust,
Götterlust!
Herüber, hinüber,
Jetzt Feinde, jetzt Brüder
Streckt der Mordstahl nieder.
Empfangen und geben,
Der Tod und das Leben
Im wechselnden Tausch,
Wild taumelnd im Rausch.
Die Lüfte erschüttert,
Die Erde zittert
Von Pferdegestampf,
Laut toset der Kampf.
Die Gegner, sie wanken,
Die Gegner, sie weichen,
Wir, mutig und jach

Den Fliehenden nach,
Über Freundes und Feindes Leichen.

Jetzt auf weitem Feld
Der Würger hält,
Überschaut die gefallenen Ähren,
Doch kann er der Freude nicht wehren.
Sieg, rufet es, Sieg!
Herr, das heißt leben! Es lebe der Krieg!

Rustan.
Oh, halt ein! Du tötest mich!

Zanga.
Wenn so ein Gefangener,
Ein Verkaufter spricht, ein Sklave,
Was muß erst – doch still! Genug!

(Er zieht sich zurück.)
(Mirza kommt aus der Hütte.)

Mirza.
Rustan!

Rustan.
Ha, man kömmt!

Mirza.
Du bist es!
Konntest du so lange weilen?
Oh, wir zitterten um dich.

Rustan.
Ist es denn so ungewöhnlich?

Mirza.
Ungewöhnlich? Das wohl nicht,
Aber schmerzlich drum nicht minder.
Sag ich mir gleich jeden Morgen:
Spät erst wird er wiederkehren,
Hoff ich dich doch immer früh;
Und der Wunsch und die Erwartung

Sind gar reich an Möglichkeiten.
Weil du ruhig bist und sorglos,
Glaubst du denn, wir wären's auch?
Immer fließen meine Tränen,
Was auch die Erfahrung spricht;
Für den Mut gibt's ein Gewöhnen,
Aber für die Sorge nicht.
Warum wendest du dich ab?

Rustan.
Horch! Mich dünkt, dein Vater ruft.

Mirza.
Ich soll gehn? Oh, komm du mit!
Du bist heiß, die Nachtluft kühl,
Und der müde Fuß will Ruhe.

Rustan.
Laß nur! Hier –

Mirza.
Nicht doch! Du sollst!
In der Hütte ruht sich's besser
Und das Abendessen wartet.
Komm! Der Vater zürnt nicht mehr,
Alles ist vergessen. – Komm!

(Mit Rustan in die Hütte ab.)

Zanga.
Deut mir eins der Liebe Werke,
Ob Verlust sie, ob Gewinn?
Gibt dem Weibe Männerstärke
Und dem Manne – Weibersinn!

Sei's! Man muß nicht gleich verzweifeln!

(Er folgt ihnen.)

Das Innere der Hütte.
Im Mittelgrunde ein Tisch mit den Resten einer Abendmahlzeit und Licht, an

dessen einem Ende Massud nachdenklich sitzt. Rechts im Hintergrunde ein Ruhebett.

Mirza führt Rustan herein; bald nach ihnen Zanga.

Mirza.
Hier ist Rustan, lieber Vater,
Seht, er hatte sich verirrt.
Wo? – Ei gleichviel! Er ist hier.
Ja, die Wege dort im Walde
Sind verworren und verschlungen;
Bricht der Abend noch herein,
Braucht es Glück, den Pfad zu finden.
Nun, er fand ihn, Dank dem Himmel!
Künftig eilt er wohl ein wenig,
Sieht er sich die Sonne neigen.

Setze dich!
(Da Rustan neben dem Alten niedersetzen will, sich zwischen beide drängend.)
Nicht hier! Nein dorthin!
Ich muß bei dem Vater sitzen.
Seht doch! 's ist mein Ehrenplatz.

(Rustan setzt sich an das andere Ende des Tisches.)

Massud *(sanft, doch ernst).*
Rustan!

Mirza *(rasch einfallend).*
Vater, könnt Ihr's glauben?
Racha, unsre Magd will wissen –

Massud.
Liebe Tochter!

Mirza.
Wollt Ihr Wein?

Massud.
Gönne mir ein Wort mit ihm!

Nur ein Tor verhehlt den Brand;
Wir, mein Kind, wir wollen löschen.

Mirza.
Ihr verspracht mir –

Massud.
Fürchte nichts!
Doch es muß einmal zur Sprache.

Sohn, seit lange schon bemerk ich,
Daß du unsern Anblick meidest.
Die Bewohner dieses Hauses
Und ihr stilles Tun und Treiben
Scheint dir nicht mehr zu gefallen.
Auf den Bergen ist dein Lager,
In den Wäldern deine Wohnung,
Und das Heulen wilder Tiere,
Sturmbewegter Bäume Dröhnen
Scheint dir lieblicher zu tönen,
Als der Nahverwandten Wort.
Rauh und düster ist dein Wesen,
Zank und Hader dein Geschäft.
Heute nur, ich hab's vernommen,
Daß du mit Osmin im Walde
Streit erregt.

Zanga *(der sich um den Tisch beschäftigt hat, einfallend).*
Erregt? Mit Gunst,
Das kann ich Euch besser sagen.

Massud.
Du?

Zanga.
Ich hab's mit angesehn.

Massud.
Hüte dich!

Zanga.
Ei, wahr ist wahr!
Und erlaubt Ihr, so erzähl ich's.

Mirza.
Hört ihn Vater, mir zulieb!

Zanga.
Mittag war es, und die Jäger,
Von der Arbeit Last zu ruhn,
Kamen alle, wie sie pflegen,
Auf dem Wiesengrund zusammen,
Um am Rand der klaren Quelle
Mit des Weidsacks kargem Vorrat
Und Gespräch sich zu erlaben.
Unter ihnen war Osmin,
Ein verwöhnter trotz'ger Junge,
Der von Öl und Salben duftet,
Wie 'nes Blumenhändlers Laden.
Der tat denn gar breit und vornehm,
Sprach von seinen Heldentaten,
Seinem Glücke bei den Weibern,
Wie des Königs Tochter selber
Bei der Tafel nach ihm schiele,
Und was denn des Zeugs noch mehr.

Meinem Herrn dort stieg die Röte
Ungeduldig ins Gesicht,
Doch, ob kochend, dennoch schwieg er.
Aber als Osmin nun fortfuhr,
Daß der Fürst von Samarkand,
Hart bedrängt von Feindeshand,
Seine Tochter und ihr Erbe,
Seines weiten Reiches Krone
Gerne gönnte dem zum Lohne,
Der ihn rette aus der Not,
Und mein Herr, von Glut ergriffen,
Angeregt von dem Gedanken,

Solcher Tat und solchen Lohns,
Aufsprang und voll Eifer fragte:
Wo der Weg nach Samarkand?
Da schlug Osmin auf ein Lachen,
Und vor Rustan hin sich stellend,
Rief er aus: »Ei, welch ein Helfer!
Heil dir, Fürst von Samarkand!
Guter Freund, bleibt fein zu Hause,
Hinterm Pfluge zeigt die Kraft!«
Da –

Rustan *(aufspringend).*
Bei Gott! ich mag's nicht denken,
Daß er lebt, der das gesagt!

Massud.
Sohn, nur ruhig!

Rustan.
Ruhig? Ich?
Und fürwahr, hat er nicht recht?
Was hab ich getan noch, um mich
Solchen Werks zu unterwinden?
Er hat recht, hat heute recht,
Morgen nicht mehr, leb ich noch.
Oheim, gebt mir Urlaub!

Massud.
Wie?

Rustan.
Seht, mich duldet's hier nicht länger.
Diese Ruhe, diese Stille,
Lastend drückt sie meine Brust.
Ich muß fort, ich muß hinaus,
Muß die Flammen, die hier toben,
Strömen in den freien Äther,
Drücken diesen heißen Busen
An des Feindes heiße Brust,

Daß er in gewalt'gem Anstoß
Breche, oder sich entlade;
Muß der auf geregten Kraft
Einen würd'gen Gegner suchen,
Eh' sie gen sich selber kehrt
Und den eignen Herrn verzehrt.
Seht Ihr mich verwundert an?
»Nur ein Tor verhehlt den Brand«,
Spracht Ihr selber, laßt mich löschen.
Gebt mir Urlaub und entlaßt mich.

Massud.
Wie, du wolltest –?

Rustan.
Was ich muß.

Massud.
Und denkst nicht –?

Rustan.
's ist bedacht.

Massud.
So vergiltst du unsre Liebe?

Rustan.
Nimmer sie hinfür mißbrauchen,
Das ist alles, was ich kann.

Massud.
Rauh und dornicht ist der Pfad.

Rustan.
Sei es! Führt er nur zum Ziele.

Massud.
Und das Ziel, es ist verderblich.

Rustan.
Also sagt man. Ich will's kennen.
Was man weiß, befriedigt nur.

Massud.
Diese, mich willst du verlassen?

Rustan.
Lange nicht, kehr ich zurück
In der Teuern liebe Mitte,
Teile wieder eure Hütte,
Oder ihr mit mir mein Glück.

Mirza.
Rustan!

Rustan.
        Mirza! Ich verstehe.
Doch wir sehen uns ja wieder,
Doppelt glücklich, doppelt froh.

Massud.
Magst du ihre Tränen schauen
Und dich kalt –

Rustan.
        Ich kann nicht anders.

Massud.
Wisse denn nun auch das Letzte:
Diese hier, sie liebt dich.

Rustan.
        Mirza!
Hier auch – doch es ist beschlossen!
Niemals, oder deiner wert!

Mirza.
Rustan!

Massud.
        Halt! So meint' ich's nicht!
Kann er deiner, Kind, entraten,
Massuds Tochter bettelt nicht.
Zieh denn hin, Verblendeter,

Ziehe hin! und mögest du
Nie der jetz'gen Stunde fluchen.

Rustan.
Heute noch?

Massud *(sich abwendend)*.
Sobald du willst.

Rustan.
Zanga, nach den Pferden!

Zanga.
Gern!

Massud.
Wozu diese hast'ge Eile?
Halt! Es ist jetzt dunkle Nacht.
Ungebahnet sind die Pfade
Und gefahrvoll jeder Schritt.
Davor wahr ich dich zum mindsten.
Schlaf noch einmal hier im Hause,
Denk noch einmal, was du willst,
Trifft der Tag dich gleichen Sinnes,
Nun, wohlan, so ziehe hin!
Mirza, komm! wir lassen ihn.

Mirza.
Vater! nur dies einz'ge Wort.
Rustan, jener alte Derwisch,
Der dort wohnt in nahen Bergen
Und den du, ich weiß, nicht liebst,
Ja, kaum einmal wolltest sehen,
Während er besorgt um dich:
Er versprach mir, heut zu kommen,
Und nur erst glaubt' ich zu hören
Seines Saitenspieles Ton,
Das er führt auf allen Wegen.
Oh, versprich mir, eh' du scheidest,

Ihn zu hören, ihn zu sprechen;
Erst, wenn fruchtlos, zieh mit Gott.

Rustan.
Und wozu?

Mirza.
Die letzte Bitte!

Rustan.
Kommt er morgen früh genug,
Mag er wie die andern sprechen.

Massud.
Nun zur Ruh'! Laß ihn sich selbst.
Jedem Sprecher fehlt die Sprache,
Fehlt dem Hörenden das Ohr.
Gute Nacht denn! *(Er geht mit Mirza.)*

Mirza.
Rustan!

Rustan.
Zanga!
Morgen früh die Pferde!

Zanga.
Wohl!

(Er folgt den beiden. Alle drei ab.)

Rustan.
Sie sind fort! – Es pocht doch ängstlich!
Sie ist gar zu lieb und gut. –
Ob auch! – Fort! – Ich bin erhört,
Und was lang als Wunsch geschlummert,
Tritt nun wachend vor mich hin.
Seid gegrüßt, ihr holden Bilder,
Seid mit Jubel mir gegrüßt!
Ich bin müd, die Stirne drückt,
Mattigkeit beschleicht die Glieder.
(Nach dem Lager blickend.)

Nun, wohlan! Noch einmal ruhn
In dem dumpfen Raum der Hütte,
Kräfte sammeln künft'gen Taten,
Dann befreit auf immerdar.
(Er sitzt auf dem Ruhebette, Harfenklänge erklingen von außen.)
Horch! Was ist das? Harfentöne?
Wohl der alte Klimprer nah?
(In halb liegender Stellung, mit dem Oberleibe aufgerichtet. Er spricht die Worte des Gesanges nach, die sich jetzt mit den Harfentönen verbinden.)

»Schatten sind des Lebens Güter,
Schatten seiner Freuden Schar,
Schatten Worte, Wünsche, Taten;
Die Gedanken nur sind wahr.

Und die Liebe, die du fühlest,
Und das Gute, das du tust,
Und kein Wachen als im Schlafe,
Wenn du einst im Grabe ruhst.«

Possen! Possen! Andre Bilder
Werden hier im Innern wach.
(Er sinkt zurück. Die Harfentöne währen fort.)
König! Zanga! Waffen! Waffen!

Mehrstimmige leise Musik greift in die Harfentöne ein. Zu des Bettes Häupten und Füßen tauchen zwei Knaben auf. Der eine, buntgekleidet, mit verlöschter Fackel, der zweite in braunem Gewande mit brennender. Über Rustans Bette hin nähern sie einander die Fackeln. Die des Buntgekleideten entzündet sich, der Dunkle verlöscht die seine gegen die Erde.

Da öffnet sich die Wand des Hintergrundes. Wolken verhüllen die Aussicht. Sie heben sich. Die Gegend, in der der zweite Akt spielt, wird sichtbar, von Schleiern bedeckt. Auch diese schwinden. Ein erster, ein zweiter. Die Gegend liegt offen da. Neben dem im Vorgrunde stehenden Palmbaum hebt sich in weiten Ringen eine große goldglänzende Schlange, bis zu seinen untersten Blättern hinanstrebend nach und nach empor. Rustan macht eine Bewegung im Schlafe.)

(Der Vorhang fällt.)

Zweiter Aufzug

Waldgegend. Im Hintergrunde Felsen, die ein Bergstrom trennt und eine Brücke verbindet. Rechts im Vorgrunde ein vereinzelt stehender Fels, an dessen nach vorn gekehrter Seite ein Springquell und daneben eine Moosbank. Gegenüber links eine einzelne Palme.

Rustan und Zanga kommen.

Rustan.
Freiheit! Ha, mit langen Zügen
Schlürf ich deinen Äther ein.
In des Morgens Purpurschein
Seh ich deine Banner fliegen,
Die auf Höhn, am Himmelszelt
Weit umher du aufgestellt;
Allen Lebenden ein Zeichen
In der Schöpfung weiten Reichen.
Freiheit! Atem der Natur,
Zeiger an der Weltenuhr,
Alles Großen Wieg' und Thron,
Nimm ihn auf, den neuen Sohn;
Laß mein Stammeln dir gefallen,
Die du Mutter bist von allen!

Zanga.
Herr, und jetzt genug geschwärmt.
Nun laßt uns von Nöt'germ sprechen.

Rustan.
Nötig? Nöt'germ? Oh, nicht denken,
Laß mich fühlen jetzo noch!
Nicht mehr in dem Qualm der Hütte,

Eingeengt durch Wort und Sorge,
Durch Gebote, durch Verbote;
Frei, mein eigner Herr und König.
Wie der Vogel aus dem Neste,
Nun zum erstenmal versuchend
Die noch ungeprüften Flügel.
Schaudernd steht er ob dem Abgrund,
Der ihn angähnt. Wagt er's? Soll er?
Er versucht's, er schlägt die Schwingen –
Und es trägt ihn, und es hebt ihn.
Weich schwimmt er in lauen Lüften,
Steigt empor, erhebt die Stimme,
Hört sich selbst mit eignen Ohren,
Und ist nun erst, nun geboren.
Also fühl ich mich im Raume;
Möcht auf alle Berge steigen,
Möcht aus allen Quellen trinken,
Laub und Bäume möcht ich grüßen,
Bin ein Mensch erst und ein Mann.

Zanga.
Sprecht nur zu, 's hat keine Eile,
Ich erfrische mich derweile. *(Er setzt sich.)*

Rustan.
Zanga, nein! Nicht ruhn, nicht rasten,
Bis begonnen unser Werk.

Zanga.
Unser Werk? So wollt Ihr also
Handeln, prüfen, denken, trachten? *(Er steht auf.)*
Nun, da bin ich Euch zu Dienst.

Rustan.
Fort, und auf nach Samarkand!
Oben nur von jenen Hügeln
Sah in seiner Türme Brand
Ich die Sonne strahlend spiegeln,
Wir sind dort, eh' sie entschwand.

Zanga.
Nur so zu, und auf gut Glück?
Herr, um selig einst zu sterben,
Denkt bei allem mir ans Ende;
Doch wollt Ihr, ein Tücht'ger, leben,
So erwägt und prüft den Anfang,
Denn das Ende kommt von selber.
Tretet ein bei Unbekannten,
Herr, und strauchelt auf der Schwelle,
Bleibt Ihr Meister Ungeschickt,
Sprächt Ihr, wie die sieben Weisen;
Freunde, die's beim Becher wurden,
Lachen auf aus voller Kehle,
Sehn sie sich nach Jahren wieder;
Und die Braut, gefreit in Tränen,
Folgt mit Seufzern Euch durchs Leben.
Unsre Neigungen, Gedanken,
Scheinen gleich sie ohne Schranken,
Gehn doch, wie die Rinderherde,
Eines in des andern Tritt.
Drum, bei allem, was Ihr macht,
Sei der Anfang reif bedacht.

Ihr geht nun nach Samarkand;
Da ist denn vor allem nötig,
Daß Ihr gleich als der erscheinet,
Der Ihr später denkt zu werden.
Euern Vater, lobesam,
Adeln wir nur gleich im Grabe,
Machen ihn zum Khan, zum Emir
Aus – Grusinien, – aus dem Monde.
So was hilft beim ersten Eintritt,
Und erreicht Ihr Eure Wünsche,
Deckt das andre der Erfolg.

Rustan.
Gut!

Zanga.

Ei, gut? Nu, das geht besser,
Als ich glaubte, als ich hoffte.
Euer Oheim, seine Hütte –

Rustan.

Arme Mirza!

Zanga.

Ja, weil arm,
Hindert sie ein reiches Wollen.
Ahmt mir nur nicht jene nach,
Die das nahe Gut verschmähen,
Aber unerhört, getrennt, –
Lichterloh, wie Wolle brennt, –
Heiß in Liebesglut vergehen.
Laßt das jetzt, und seid ein Mann!

Jener Fürst aus Samarkand
Ist gedrängt von seinem Feinde,
Von dem mächtgen Khan aus Tiflis,
Der um seine Tochter freite:
Ein verwöhntes, einz'ges Kind,
Das gar stolz und hochgesinnt,
Selbst den Gatten wählen möchte.
Ein geziertes, äff'ges Wesen,
Tat so was in Dichtern lesen.
Ich war erst in wirren Zweifeln,
Ob dem Stärkern, ob dem Schwachen
Zu vertrauen unsre Sachen;
Doch der Starke g'nügt sich selbst,
Und das Unglück macht erkenntlich.
Darum geht nach Samarkand,
Suchet Dienst in seinem Heere,
Und wenn an Entscheidungstagen
Ich Euch sage: losgeschlagen!
Stürzt dann in den Feind mit Macht,
Tief ins Herz der wilden Schlacht;

Augen zu, und links und rechts
Kreuzt die Blitze des Gefechts.
Fallt Ihr, war's Euch so bestimmt;
Siegt Ihr, sprechen wir vom Lohne.
Mancher fand so eine Krone.

Rustan.
Also sei es, und so komm!

Zanga.
Herr, nur noch ein kleines Weilchen!
Auch der Körper will sein Recht.
Hier in meines Ränzels Weite
Führ ich Kost für mäß'ge Leute,
Erst getafelt, eins gezecht,
Dann hervor die besten Kleider,
Euch als Junker angetan!
So was hilft und fördert leider!
Drauf als wackrer Edelmann
Hin zur Stadt, dem Glücke nach;
Komme dann, was kommen mag!

Eine Stimme *(hinter der Bühne).*
Hilfe! Hilfe!

Zanga.
Horch, welch Rufen?

Stimme.
Hilfe! Hilfe!

Zanga.
Näher kommt's.
Das beginnt mit Weh und Ach.
Abenteuer, seid ihr wach?

(Ein reichgekleideter Mann erscheint im Hintergrunde auf der Brücke. Er wird von einer nur je und dann auf Augenblicke sichtbaren Schlange verfolgt.)

König.
Keine Rettung! Hilft denn niemand?

(Er flieht über die Brücke und verschwindet auf Der linken Seite des Hintergrundes.)

Zanga.
Herr, den Speer nun angefaßt!
Rasch zum Wurf mit kluger Hast.

Der König *(tritt fliehend vom Hintergrunde her links auf. Er eilt nach vorn, während Rustan rechts, Zanga links im Mittelgrunde sich gestellt haben).*
Götter! Götter! Kein Erbarmen?

(Er sinkt besinnungslos am Felsensitze nieder.)

Zanga.
Werft und trefft!

Rustan *(wirft den Speer nach dem noch nicht sichtbar gewordenen Untier).*

Zanga.
Verfehlt! Nun, Herr,
Braucht die Beine, nehmt Euch Raum,
Ich erklettr' indes den Baum.

(Im Begriffe, die auf der linken Seite stehende Palme zu erklettern.)
(Während die Schlange links im Hintergrunde zum Teil sichtbar wird und Rustan nach dem Vorgrunde rechts flieht, erscheint auf dem daselbst vorspringenden Felsen ein Mann in einen braunen Mantel gehüllt mit gehobenem Wurfspieß.)

Der Mann auf dem Felsen.
Schlechte Schützen!
(Er wirft und heftet, durchbohrend, die Schlange an den Boden.)
Topp!
(Herablachend.)
Ha, ha!
Schlechte Schützen! lernt erst treffen!

(Verschwindet von der Höhe.)

Zanga *(vom Baum herabsteigend).*
Was war das? – He, liegt die Schlange?

Rustan.
Nicht durch mich.

Zanga.

Nu, desto schlimmer!
Und doch gut, daß sie nur liegt.
(Zu dem Hingesunkenen tretend.)
Herr, das ist ein reicher Mann!
Wohl ein Fürst, vielleicht ein König.
Zieltet besser Ihr ein wenig,
Zahlten Ehren Euch und Gold.

Rustan.
Wirst du, Glück, mir nimmer hold?

Zanga.
Seht die Perlen, das Geschmeide! –
Herr, und seid Ihr sicher auch,
Daß nicht Ihr, daß jener andre
Hingestreckt das grimme Tier?
Eure Lanze traf.

Rustan.

Nicht meine.

Zanga.
Und wo ist er, dieser andre?
Warum steigt er nicht hernieder,
Pflückt die Früchte seiner Tat?
(Gegen den Felsen emporrufend.)
Mann vom Felsen, Mann vom Berge,
Komm herunter, sprich mit uns!

Seht, er kommt nicht, war wohl nie.
Wo auch sollt' er sein und weilen?
Ringsherum auf viele Meilen
Kein Lebendiger als wir.
(Bei dem am Boden Liegenden.)
Hu, am Turban, seht, die Krone!
Ich verwette Hals und Hand,
's ist der Fürst von Samarkand.

Täuschung, Augentrug das Ganze,
Herr, ich sah es, Eure Lanze
Streckte jenes Tier in Sand.

Rustan.
Der war's, der am Felsen stand.

Zanga.
Nun, zum Henker! Noch einmal:
Mann vom Berge, komm herunter!
Zeige dich zu dieser Frist;
Sonst negier ich frisch und munter,
Leugne, daß du warst und bist.
Seht, er kommt nicht, seht, er war nie.
Schaut umher doch in der Runde,
Niemand kann sich da verbergen;
Rings der Felsen abgeschnitten,
Auf dem Felsen selber niemand.

Rustan.
Doch ich sah ihn.

Zanga.
Saht und seht!
Herr, Ihr hattet Furcht, gesteht!
Und der Schrecken, wild und wilder,
Zeigt gar sonderbare Bilder.
Hier ein Mann im Fürstenschmuck,
Leichenblaß in Sand gebettet,
Und Ihr seid's, der ihn gerettet.
Nehmt die Gabe des Geschickes,
Und glaubt nur, der heut'ge Tag
Ist der Anfang unsers Glückes.
(Hörnerklang in der Ferne.)
Hört Ihr fernen Hörnerklang?
Zweifelt nur nicht ewig lang!
Ihr erlegtet jenes Tier;
Schoß ein andrer, schoßt auch Ihr.

Wir sind zwei hier gegen einen;
Wag er nur, es zu verneinen!

Der Gerettete *(sich emporrichtend).*
Hörnerschall! – Ha, und wo bin ich?

Zanga *(zu Rustan).*
Ha, nun gilt's! *(Zum Fremden.)* Herr, unter Freunden.
Edler Fürst! vielleicht wohl mehr noch?
Hochgeehrt nach Rang und Stande.

Der Fremde *(der aufgestanden ist).*
Ich bin König dieser Lande.

Zanga *(kniend).*
Herr, dein Knecht –

(Rustan läßt sich in einiger Entfernung aufs Knie nieder.)

König.
Und jenes Tier?
Blutig, tot, liegt's dort am Boden.
Meine Retter!
(Zu Zanga.)
Du?
(Auf Rustan zugehend.)
Nein, du!

Zanga.
Herr, Ihr habt es gut erraten!
(Auf Rustan zeigend.)
Jener war's. Ein tücht'ger Wurf,
Stracks hinein durch Herz und Lungen,
Und es hatte ausgerungen.

Rustan.
Herr, verzeiht –

Zanga.
's ist wohl verziehn!

Rustan.
Wenn noch Zweifel –

Zanga.
Ob wir leben?
Ob dort jenes tot genug?
(Leise.)
Nun, zum Henker, seid doch klug!

(Wiederholter Hörnerschall.)

König.
Ha, sie rufen, meine Lieben,
Suchend, wo ihr Hort geblieben.
Hier, Getreue! hier der Ort!

(Er geht in die Mitte der Bühne zurück, wo er, antwortend, in ein an seiner Hüfte hängendes Jagdhorn stößt.)

Rustan.
Zanga, komm, und laß uns fort!

Zanga.
Nach dem allen, Herr, und fliehn?
Jetzt, da unsre Bohnen blühn?

Rustan.
Nimmer sollst du mich berücken,
Mich mit fremder Tat zu schmücken.
Und doch könnt' ich's auch nicht sehn,
Erst gepriesen, erst gehuldigt,
Zager Feigheit dann beschuldigt,
Einem andern nachzustehn.

(Nach wiederholtem Hörnerruf kommt nun das Gefolge des Fürsten. Gülnare, seine Tochter, an der Spitze.)

Gülnare.
Vater! Vater!

König.
Oh, mein Kind!

(Sie stürzen sich in die Arme.)

Zanga *(zu Rustan).*
Schaut nur, schaut! Seht halb Euch blind!
Gold und Spangen, Perlen, Kleider,
Seht der Hoheit Vollgewalt.

Rustan.
Zanga, jene Lichtgestalt,
Sich um seinen Nacken schmiegend,
Weich in Vaterarmen liegend.
Wie sie atmet, wie sie glüht,
Jede Fiber wogt und blüht.
Nun weist her auf mich sein Blick,
Danket mir der Rettung Glück.
Zanga, nun nicht mehr zurück!
Wär's am Rand mit meinen Tagen;
Ich hab jenes Tier erschlagen.

König.
Ja, mein Kind, ein Raub des Todes,
Wenn nicht dieser Jüngling war;
Sieh, so nahe die Gefahr.
(Auf das erlegte Tier weisend.)

Gülnare *(mit der Hand die Augen bedeckend).*
Ah!

König.
Entfernt dies Schreckbild!

Gülnare.
Nein!
Stark, entschlossen will ich sein.
(Nach vorn kommend.)
Glaub nur nicht, mein edler Fremdling,
Daß, ein schwach erbärmlich Weib,
Hinter dir so fern ich bleib!
Oft hat man mich wohl gesehen,
Männlich die Gefahr bestehen,

Eine Gleiche stand ich ihr.
Doch das Widrige, den Grauen
So verwirklicht anzuschauen,
Nimmt entfremdend mich von mir.
Und doch, schafft's nicht fort, es bleibe;
Selbst bezwingen will ich mich.

Nun zu dir, mein edler Retter,
Der mit seines Armes Walten
Alles, alles mir erhalten,
Was der Schwachen übrigblieb.
Rings von Feindesmacht umgeben,
Von verschmähter Liebe Trutz,
War mir dieses Greises Leben
Einz'ge Stütze, all mein Schutz.
Und der Drache bleckt' die Zähne,
Und es war um ihn geschehn;
Da – o lohn es diese Träne! –
Hebt sich eines Armes Sehne,
Und das Untier muß vergehn.
Vater, schau, so sehen Helden!
Vater, schau, so blickt ein Mann!
Was uns alte Lieder melden,
Schau es hier verwirklicht an!

Rustan *(leise)*.
Kohlen, Zanga, glühnde Kohlen!

Zanga *(ebenso)*.
Laßt die Furcht den Henker holen!

Gülnare.
Doch du sprichst nicht? Doch du schweigest?

Rustan *(auf die Knie stürzend)*.
Herrin, oh, ich bin vernichtet!

König *(entschuldigend zu Gülnare)*.
Wohl das Neue unsers Anblicks –

Gülnare.
Laß ihn, Vater! Es erquickt mich,
Einen Mann beschämt zu sehn!
Oh, ich sah sie brüstend gehn,
Mit gedunsnen Worten prahlend,
Mit Versprechen Taten zahlend,
Doch kam der Erfüllung Zeit,
Wie war Held und Tat so weit!
Dieser kommt uns, als von oben,
In der Stunde der Gefahr,
Tut, was seiner würdig war,
Und verstummt, wenn wir ihn loben.
Vater, sag es selbst! fürwahr,
Stellt er nicht die Zeit dir dar,
Nicht die Zeit, die einst gewesen,
Und von der wir staunend lesen,
Wo noch Helden höhern Stammes,
Wo ein Rustan weltbekannt
In der Parsen Fabelland –

Zanga.
Rustan ist auch er genannt.

Gülnare.
Rustan! Hörst du, Vater? Rustan!
Oh, die Zeiten sind noch immer,
Wo, wenn Menschenkräfte enden,
Götter ihre Hilfe senden.
Er kommt uns von ihrer Hand.
(Zu ihrem Vater.) Und so wird gefaßt dich finden,
Was soeben Boten künden:
Jener blut'ge Khan von Tiflis,
Mein Bewerber und mein Feind,
Hat in mächt'gen Heeres Mitten
Unsre Grenzen überschritten,
Hundert Völker stolz vereint,
Weil er hilflos uns vermeint.
(Auf Rustan zeigend.) Hier die Hilfe! Hier der Hort!

Stell ihn an der Treuen Spitze,
Laß ihn tragen deine Blitze,
Mut sein Atem, Tat sein Wort;
Und die Deinen, neu ermutet,
Sehn mit Neid, wenn einer blutet,
Und sein Beispiel reißt sie fort.
(Zu Rustan.) Sei mein Schützer, sei mein Retter,
Banne diese dunkeln Wetter,
(Nach und nach langsamer sprechend.)
Und der glänzend neue Tag
Bringt dir dar, was er vermag.

König *(halblaut).*
Sprichst du doch, als hättest du
Sie vernommen, die Gelübde,
Die ich tat in der Gefahr.
Dem Erretter, käme Rettung,
Schwur ich, nichts, ich nichts zu weigern,
Und wenn es das Höchste war.
Du errötest, du verstehst mich.

Gülnare.
Vater, komm und laß uns gehn.

König.
Nun so karg, und erst so warm!
Warst du hier an meiner Stelle,
Dünkte jeder Lohn dir arm.

Gülnare *(nach rückwärts gewendet, wie ablenkend).*
Und wo ist, wo ist die Stelle,
Die so vieles mir gedroht?

König.
Dort kam ich, und floh den Tod,
Jene Schlange mein Gefolg',
Keine Wehr als meinen Dolch.

Zanga.
Seht, hier liegt er noch am Boden,
Reich besetzt mit edlen Steinen.

(Er hebt den Dolch auf und gibt ihn seinem Herrn, der ihn dem Könige überreicht.)

König *(mit ablehnender Gebärde).*
Zähl, was mein ist, zu dem Deinen.
Zahlt' ich mit so armen Steinen
So beglückenden Erfolg?
Dort kam ich, und dort die Schlange;
Dieser Mann – *(Auf Rustan zeigend.)*

Zanga *(am Boden den Platz bezeichnend).*
Hier stand er, hier.

König.
Nein, du irrst, er stand dort oben,
Eingehüllt in braunen Mantel.

Rustan.
Zanga! Zanga!

Zanga.
Heißer Tag!

König *(auf Zanga).*
Erst warfst du, allein du fehltest,
Dann schoß er, die Schlange lag.
In der Sinnenkraft Vergehen
Hab wie träumend ich's gesehen.
Du standst hier, und er stand dort,
Und war bleich und schien viel kleiner,
Wohl gebückt zum Wurf sich neigend.
Wo auch blieb der braune Mantel?

Zanga.
Irgend dort wohl in den Sträuchen.

Rustan *(leise).*
Zanga, Zanga!

Zanga.
Mut, nur Mut!

König.
Nun genug, und damit gut!
Dort auf jener Klippe Zinnen
Soll ein Tempelbau beginnen
Dem, der waltend niederblickt,
In der Not den Retter schickt.
Tochter, komm!

Gülnare *(zu Rustan).*
Du folg uns bald!
(Gehend und vor der getöteten Schlange zurückschaudernd.)
Oh, des Anblicks Nachtgewalt
Übt von neuem seine Rechte.
Oh, verzeih es dem Geschlechte,
Das der Seele Kraft bezwingt,
Kindisch solche Schauer bringt.

König.
Reich den Arm ihr, gib die Rechte.

Gülnare.
Vor dem Toten schütze mich,
Lebt' es noch, ich zagte nicht.

(Sie stützt sich auf Rustans Arm. Alle bis auf Zanga ab.)

Zanga *(ihnen nachschauend).*
Das geht gut, bei meiner Treu!
Das Prinzeßchen hat gefangen.
Tat zwar noch ein bißchen scheu,
Kämpft noch Stolz mit dem Verlangen.
Wie sie fest an ihm sich hält.
Nun ein Graben – Hupp! gesprungen!
Ha, sie gleitet, strauchelt – fällt?
Nein, er hat sie rasch umschlungen.
Nichts so köstlich in der Welt,
Als wenn eins das andre hält.

Rustan *(zurückkommend).*
Zanga, Zanga! Ich bin selig!

Zanga.
Ei, es geht? nicht wahr? es geht!

Rustan.
Und nun komm! Dort deinen Bündel,
Wirf ihn in den nächsten Fluß.
Nichts laß unsern Stand verraten,
Wir sind Kinder unsrer Taten,
Und nach aufwärts strebt der Fuß.
Komm nur, komm!

Zanga.
        Doch früher, Herr,
Laßt die Gegend uns durchspüren,
Ob nicht jener Mann vom Felsen –

Rustan.
Zanga, ich hab's überdacht;
Jener Mann war kein Lebend'ger!
Bote einer höhern Macht,
Kam er in des Schreckens Nöten,
Um zu treffen, um zu töten,
Und entschwand, da er's vollbracht.

Zanga.
Nun, der Dank wär' abgemacht!

Rustan.
Laß ihn Mensch auch sein, wie wir,
Kommen, und sich stellen mir;
Will mit Gold ihn überhäufen,
Fülle auf ihn niederträufen,
Groß ihn machen, groß und reich,
Wenn auch nicht dem Geber gleich,
Stellen auf des Glückes Zinne,
Und wer wirft mir Unrecht vor?
Zanga, denn, was ich gewinne,

Ist nicht das, was er verlor.
Laß ihn tun sie, jene Tat,
Bittend dann nach Lohn sich wenden,
Man gibt Gold mit spröden Händen,
Und er geht, wie er genaht.
Doch bei mir, mit mir war's anders:
Unerklärt, ein dunkles Etwas,
Zog des Vaters, zog der Tochter –
Oh, des Weibs voll hehrem Sinn!
Beider Blicke nach mir hin.
Gleich gilt nicht von gleichem Scheine,
Und ich nehme nur das Meine.
Komm und fort, dem Glücke nach!
Heut ums Jahr ist auch ein Tag.

Zanga.
Herr, ach Herr!

Rustan.
Was ist?

Zanga.
O schaut!

(Der Mann, dessen Wurf die Schlange getötet, ist hinter dem Felsen hervor und in den Vorgrund rechts getreten. Er hat den ihn umhüllenden braunen Mantel auf die Moosbank gelegt, und steht nun in kurzem schwarzem Leibrocke, nackten Armen und Beinen, mit schwarzem Bart und Haar, das Antlitz leichenblaß, da.)

Rustan.
Ha! wie mir's im tiefsten graut!

Zanga.
's ist derselbe, dessen Speer
Jenes Tier, vom Felsen her –

Rustan.
Unheil! nie dein Köcher leer?

Der Mann vom Felsen *(ist einige Zeit, unbeweglich vor sich hinschauend, auf der Moosbank gesessen, jetzt neigt er sich zur Quelle und trinkt).*

Zanga.
Herr, er lebt! ist leibhaft, trinkt!

Rustan.
Meines Traums Gebäude sinkt.
Zanga!

Zanga.
Herr?

Rustan *(die Hand am Dolche).*
Ist's nicht Osmin?
Der Verweichlichte, Verwöhnte,
Der mich jüngst beim Jagen höhnte?

Zanga.
Seht doch nur den Bart, das Haar.

Rustan.
Du hast recht, und es ist wahr.
Aber erst nur glich er ihm.
Jeder Blick, mit neuer Lüge,
Zeigt mir anders seine Züge.
Was je greulich und verhaßt,
All in sich sein Anschaun faßt.

Der Mann *(richtet sich empor, legt den zusammengefalteten Mantel über den Arm, und macht sich gefaßt, quer nach dem Hintergrunde zu, fortzugehen).*

Zanga.
Schaut, er geht.

Rustan.
Nicht so! Und halt!
Steht mir Rede! Wohin geht Ihr?

Der Mann vom Felsen *(mit klangloser Stimme).*
Hin nach Hofe, vor den Thron.

Rustan.
Was dort suchend?

Der Mann vom Felsen.
Meinen Lohn.

Rustan.
Lohn? Wofür?

Der Mann vom Felsen *(auf das erlegte Tier zeigend).*
Für meine Tat.

Rustan.
Deine? – Meine! – Unsre Tat!

Der Mann vom Felsen.
Arme Schützen! Ha, ha, ha!
Lernt erst treffen! Arme Schützen!

(Zum Fortgehen gewendet.)

Rustan.
Halt, noch einmal! Er, der König,
Dankbar dir für dein Bemühn,
(Den Dolch des Königs aus dem Gürtel ziehend.)
Sendet dir dies edle Kleinod,
Diesen reich besetzten Dolch,
Wo des Demants klares Scheinen –

Der Mann vom Felsen.
Zahlt Ihr mit so armen Steinen
So beglückenden Erfolg?

Rustan.
Nun, der Dolch hat eine Spitze,
Sie auch zahlt.

Der Mann vom Felsen.
Ei ja! Ja doch!

Rustan.
Scheusal! Teufel! Greulich Untier!
Zieh nicht deine grimmen Fratzen,

Denn der Dolch in meinen Händen
Zuckt und mahnt mich, rasch zu enden.
Zanga!

Zanga.
Herr?

Rustan.
Sieh hin! Nur hin!
Gleicht er wieder nicht Osmin?
Wenn er grinset, wenn er lacht.

Zanga.
Fassung, Herr! Und kühl bedacht!

Rustan.
Nun, es sei! Ich will mich fassen.
Mensch, was willst du? was begehrst du?
Geizest du nach Reichtum, Schätzen?
Will dich in ein Goldmeer setzen,
Gießen aus ob deinem Haupt,
Was die Welt das Höchste glaubt.
All dein Wünschen, dein Verlangen,
Eh's zu keimen angefangen,
Soll's verwirklicht vor dir stehn,
Sollst du's reif in Garben sehn.

Der Mann vom Felsen.
Langes Rinnen trübt die Welle –
Ich trink gerne aus der Quelle.

Rustan *(vor ihm niederstürzend).*
Sieh mich denn zu deinen Füßen,
Sieh ein flehendes Geschöpf.
Heut zu allen künft'gen Tagen
Hat des Glückes Stund' geschlagen;
Geh und schreite über mich,
Tritt ein Dasein unter dich!

Der Mann vom Felsen.
Willst mit andrer Taten prahlen,

Willst mit fremdem Golde zahlen?
Glück und Unrecht? Luft'ger Wahn!
Rühm dich des, was du getan!

(Er geht nach dem Hintergrunde, indem er den Mantel wieder um die Schultern wirft.)

Rustan *(nach vorn kommend).*
Er hat recht, und ich will fort.
Zanga, komm! Wir kehren heim.
In der Nahverwandten Mitte
Sei das Glück der ersten Schritte,
Sei die Schmach – Und dennoch! Nein!
Nein, es darf, es soll nicht sein!

Der Unbekannte *(ist den Steig, der zur Brücke führt, hinaufgeschritten).*

Rustan *(folgt ihm).*
Unmensch! halt! Nicht von der Stelle!
Diese Brücke wölbet sich
Als des Glücks, der Hoheit Schwelle,
Sei es dir, sei es für mich.
Unmensch, halt!

(Er hat den Mantel des vor ihm Hinschreitenden angefaßt.)

Der Mann.
's ist nur mein Kleid.

Rustan.
Nun, der Herr ist auch nicht weit.
Halt! Ich, oder du! *(Er faßt ihn an.)*

Der Mann.
Nicht ich!

(Sie ringen auf der Brücke.)

Rustan.
Sein Berühren ist Entmannen.
Zanga, Zanga, rette mich!

(Der Fremde drängt Rustan bis hart an den Rand der Brücke, im Begriff, ihn hinabzustürzen.)

Rustan.
Ich erliege!

Zanga.
Braucht den Dolch!
Braucht den Dolch! Ihr seid bewaffnet.

Der Fremde.
Ganz nun mein!

Rustan.
Noch nicht! Noch nicht!

(Er hat den Dolch gezogen und stößt ihn nun dem Fremden in die Brust.)

Der Fremde *(auf der Brücke niedersinkend).*
Blutig! Blutig! Schwarzer Tag!

Rustan *(von der Höhe herankommend).*
Zanga! Zanga! Lebt er? Bin ich?

Zanga.
Herr, Ihr seid! Und seht, er blutet.

Rustan.
Oh, daß ich's getan! Entsetzen!

Der Fremde *(halb emporgerichtet).*
Kinderjahre! Kinderjahre!
Folgt der Unschuld Leichenbahre! *(Zurücksinkend.)*
Rustan! Rustan! Mirza, Rustan!

Rustan.
Zanga, schnell! Sieh, ob noch Rettung,
Ob noch Hilfe möglich. Eile!

Der Fremde *(der sich im Todeskampfe auf der Brücke gewälzt, stürzt jetzt in die Flut).*

Zanga.
Herr, zu spät! Ihn hat die Flut.

(Zu Rustan, der, die Hände vors Gesicht geschlagen, dasteht.)
Schlimm genug, und dennoch gut.
Wenn nicht er, wart Ihr verloren.

Rustan.
Oh, und wär' ich nie geboren!

(Hörnerschall.)

Zanga.
Herr, nur Fassung! Fassung! Mut!
Fall der Notwehr. – Hört, man ruft uns.
Seht, man kommt. Nun ausgehalten!

Ein Kämmerer *(kommt von der linken Seite).*
Herr, des Königs hohe Gnaden
Lassen Euch zur Heimkehr laden,
Und zum Heereszug demnächst.
Dort sie selbst.

(Der König und Gülnare erscheinen im Hintergrunde auf der Anhöhe, rechts der Brücke.)

König.
Nun, Rustan, folgt ihr?

Rustan.
Hoher Herr, ich bin bereit. *(Zu Zanga.)*
Nun gilt's fallen, oder siegen!
Ausgedauert und – geschwiegen!

(Indem er sich zum Gehen wendet und die Hörner von neuem ertönen, fällt der Vorhang.)

Dritter Aufzug

Offener Platz in Samarkand. Die ersten Kulissen des Vorgrundes bilden eine zeltartige Estrade, deren hintere Vorhänge offen sind. Rechts ist ein Sofa von Kissen angebracht, nach oben mit einem Baldachin, nach rückwärts mit einer herabhängenden Draperie geziert. Daneben ein Tischchen. Gegenüber auf der

linken Seite ein größerer Tisch, dunkelrotbehangen.
Der Platz von außen ist mit Volk beiderlei Geschlechts besetzt. Jubelruf, kriegerische Musik, Truppenaufzüge.

Volk.
Heil dem Sieger! – Heil dem König!
Rustan! Rustan! – Hoch Gülnare!

(Der König kommt, zu beiden Seiten Rustan und Gülnare an der Hand führend. Reichgekleidete Große hinter ihm. Sie gehen in dem Raume außer dem Zelte quer über die Bühne und auf der linken Seite ab.)

Zanga *(durch das Volk kommend, zu denen, die am Eingange des Zeltes stehen).*
Platz da! Platz! Ich bin vom Hause!
(Er kommt nach vorn.)
Nun, bei Gott! Das geht vortrefflich!
Unser Rustan wirkte Wunder!
Tritt hervor aus jenem Wald,
Und der Ruf der Tat durchschallt
Rings das Land nach allen Seiten.
Nieder von den Bergen schreiten
Hirten, jetzt zum erstenmal,
Völker ohne Maß und Zahl,
Die sich sammeln, die sich scharen
Um den Retter in Gefahren.
Und der Feind, er steht verblüfft;
Ihm, der kam zu leichtem Krieg,
Dünkt der Rückzug jetzt schon Sieg.
Rasch wir nach, und weit und weiter!
Schon sind handgemein die Streiter.
Da sieht Rustan jenen Khan,
Der so überstolz getan,
Sprengt auf ihn, – zwar, wie mich dünkt,
Ist das just der Punkt, der hinkt –
Rustan stürzt. Allein, was tut's!
Unsre Völker, hohen Muts,
Sehen bange Zweifel schweben
Ob des Führers teurem Leben,

Dringen nach, und – sahst du's nicht!
Bald kein Feind mehr im Gesicht.
Also sich's begeben hat;
Ich bin selbst das Zeitungsblatt,
Schwarz gekommen schon zur Erden,
Darf's nicht erst durch Lügen werden.

Da kommt Rustan mit dem König,
Tut schon vornehm, blickt schon stolz.
Ei, umgüldet's nur ein wenig,
Dünkt sich Edelstein das Holz.

(Der König und Rustan kommen.)

König.
Hörtest du? vernahmst du? sahst du?
Ihres Mundes freundlich Lächeln,
Ihrer Rede Sommerfächeln,
Fühltest du den Druck der Hand?
Ja, Gülnare, meine Tochter,
Sinnt nicht länger Widerstand.
Freude, Wonne, sondergleichen!
Ihre Hand will sie dir reichen;
Und was an des Todes Toren
Ich mir selber zugeschworen,
Und was Nacht bisher verhüllt,
Glänzend, herrlich wird's erfüllt.
Du, an meiner Tochter Seite,
Sitzest auf der Väter Thron,
Breitest aus in alle Weite
Mit der Kriegsdrommete Ton
Dieses Landes Macht und Ruhm,
Noch vor wenig kurzen Tagen
Stolzer Nachbarn Eigentum.
Und sie zittern und sie beben
Vor dem Dräun der starken Hand,
Und des Ruhmes Säulen heben
Hoch den Thron von Samarkand.

Sieh dies Land, es ist das deine,
Sieh mein Selbst, es folgt dem Land;
Oh, des sel'gen Abends Scheine,
Da ich dich, den Retter fand! *(Er setzt sich.)*
Ich bin müd, bringt mir zu trinken,
Selbst die Freude schwächt die Kraft.
Alles scheint mir zuzuwinken:
Tu, was neu das Alte schafft.

> Gebt mir Wein, die Zunge lechzet,
> Und verschließt des Zeltes Hüllen.
> Freuden, wie sie mich erfüllen,
> Hegt man gern bei sich allein.

(Zanga gibt den Auftrag. Man geht um Wein. Die Vorhänge des Zeltes fallen herab.)

Rustan.
Wenn auch das, was ich getan,
Voll und wirklich Lohn erheischet,
Doch so übermäß'ge Gunst –

König *(aufstehend).*
Laß du über dem Geschick,
Auszugleichen Wert und Glück!
Wär's Verdienst denn, wenn der Regen
Niederträuft auf unsre Flur?
Ist Verdienst es, wenn der Leu,
Reichbegabt und stark und frei
Hineilt auf des Wildes Spur;
Wenn die kreisende Natur
Aus der Gaben Reichtum spendet,
Achtlos, wer ihn zu sich wendet?
Auch der Zufall will sein Spiel.
Nimm, was dein; und scheint's zuviel,
Dieses als zuviel Erkennen
Macht dich wert, es dein zu nennen.

Eins nur ist noch zu bericht'gen:
Rustan, alle, die ich fragte
Nach den Eltern, die du nanntest,
Nach den Deinen, deiner Abkunft,
Niemand will die Namen kennen,
Und den Stamm, das Volk, den Ort.

Zanga.
Ist's doch auch ein kleines Völkchen,
Seiner Herden Zucht ergeben,
Und da sie nomadisch leben,
Kommt's heut an, zieht morgen fort.

Rustan.
Dann, o Herr, wenn erst das Was
Des Geschehnen klar und deutlich,
Forscht man viel noch hinterher
Um das Wie und um das Wer?

König.
Du hast recht! und wer auch immer,
Bist du immer doch derselbe,
Der mein Land, mein Volk befreit;
Der an jenem grausen Morgen
Meiner Tage Rest geborgen,
Dessen Mute, dessen Schlag
Jenes Untiers Grimm erlag.
Bist derselbe, und bist's nicht;
Und wenn nicht, mir so viel teurer,
Als mir teuer dies dein Selbst.

Wenn ich dich so vor mir sehe,
Hochgewachsen, stark und kühn,
Mit der hellen, klaren Stimme,
Freu ich doppelt mich und dreifach,
Daß du anders, als ich damals
In der Sinne wirrem Wanken,
Mehr ein Wahnbild der Gedanken,
Meines Retters Bild gesehn.

Du schienst damals klein und bleich,
Eingehüllt in braunen Mantel,
Und die Stimme scharf und schneidend –

(Man hört aus der Ferne Gemurmel von Stimmen, dazwischen klagend ausgestoßene Laute.)

König.
Welch Geräusch? – Seht zu, was ist.
(Es geht jemand.)
Widerlich stört's meine Rede,
Und dazwischen Klagetöne,
Fast wie jene – *(Zu Rustan.)* Warst du damals
Auch mit diesem ganz allein? *(Auf Zanga weisend.)*
War kein dritter, war kein andrer
Neben dir?

Rustan.
Nur er und ich.

König.
Eine Stimme, dumpf und schaurig,
Die ich früher schon gehört,
Sonst im Leben schon vernommen,
Schien da in mein Ohr zu kommen,
Wie ich lag von Angst betört.
Du standst damals –

Rustan.
Herr, am Felsen.

Zanga.
Oben, oben, auf dem Felsen.

König.
Oben, recht! Je mehr ich sinne,
Um so widerlicher wird's.
Auf dem Felsen, klein und bleich,
Eingehüllt in braunen Mantel,
Und die Stimme –

(Die vorigen Klagelaute wiederholen sich.)

König.
Pfui des Lauts!
Schafft sie fort, die ekle Stimme,
Die Erinnerung mit ihr.

(Zanga geht ab.)
(Ein Diener hat Wein gebracht.)

König.
Hier ist Wein. Komm, laß uns trinken!
Weg es waschen dieses Bild!
Was ich damals dumpf geträumt,
Lieblich hat's den Platz geräumt
Dem Erfreulichen, dem Wahren.
Wo sich Götter offenbaren,
Kündigt sie ein Schauder an,
Daß, wenn ein die Mächt'gen fahren,
Schon die Pforten aufgetan.
Hier ist Wein. Komm, laß uns trinken!
Und noch diesen Abend sollen
Laute Zimbeln und Trommeten
Hoch von dieser Feste Türmen
Es in alle Lüfte stürmen,
Daß du Erbe mir und Sohn.
Ja, du Edler, ja, du Guter,
Schutzgeist, Lebensretter du,
Sieh dein Vater trinkt dir's zu!

(Indem er den Becher emporhebt und Rustan sich vor ihm auf ein Knie niederläßt, kommt Zanga eilig zurück; hart hinter ihm ein Kämmerling.)

König *(einhaltend).*
Was begab sich?

Zanga *(zu Rustan leise).*
Herr, nur Mut!

König.
Soll ich länger noch erwarten –?

Kämmerling.
Herr, die Stadt beinah in Aufruhr.

König *(den Becher abgebend).*
Aufruhr? Torheit! Und warum?

Kämmerling.
Herr, die Wellen des Tschihun,
Die an unsern Mauern nagen,
Haben auf den flachen Sand
Eines Mannes Leib getragen,
Der durch Mord sein Ende fand.

König.
Laßt sie das dem Richter klagen!

Kämmerling.
Und der Mann, er ward erkannt
Als derselbige mit jenem,
Den, aus deiner Kämmrer Scharen,
Nie hat man den Grund erfahren,
Du vorlängst vom Hof verbannt.

König.
Wohl, ich weiß. – Doch diese Laute?
Schaurig, widrig, wirren Klanges –?

Kämmerling.
Herr, es ist sein alter Vater,
Den du kennst, der stumme Mann;
Eine Schrift in seinen Händen,
Fleht er um Gericht dich an.

König.
Wohl, es sei ihm, doch er schweige!
Rustan!

Rustan.
        Herr!

König.
Du kanntest nie
Jenen Mann, der nun getötet?

Rustan.
Herr, so meinst du –?

König.
Nun, nur Gutes.
Doch die Stimme, deren Klang
Damals mir zu Ohren drang,
Als du mich befreit beim Jagen,
Schien des Manns, der nun erschlagen.
Es kommt näher, wächst im Raum,
Wie ein halbvergeßner Traum.

Und wen klagt man an als Täter?

Kämmerling.
Herr –

König.
Du zögerst?

Kämmerling.
Wag ich's?

König.
Sprich!
Wen zeiht man des Mordes?

Kämmerling.
Dich!

König.
Mich? Ha Torheit und Verrat!
Nicht nur ein Sinn fehlt dem Alten,
Alle fehlen in der Tat.
(Die Vorhänge auseinanderschlagend.)
Komm herein, du Mann der Torheit,
Stumm an Zunge, an Verstand,

Und beweise deine Klagen,
Oder stirb von meiner Hand!

(Der alte Kaleb, grau gekleidet, mit schwarzem Überwurf, weißem Bart und Haar, tritt, von Karkhan geleitet, eine Schrift emporhaltend, ein und wirft sich vor dem Könige nieder, wobei er, nach Art der Stummen, unartikulierte Laute ausstößt.)

König.
Nicht berühre meine Kleider,
Bis du Widerruf getan.

Zanga *(leise).*
Herr, was dünkt euch?

Rustan.
Harr und schweig!

Zanga.
Diesen Mann sah ich schon früher.
Gleicht er nicht –?

Rustan.
Ob auch! Wem immer!
Laß uns hören, was er bringt.

König *(dem der Alte eine Schrift emporgereicht hat).*
Was soll ich mit diesen Zeilen?
Zorn quillt mir im Auge heiß.
(Zu dem Führer des Greisen.)
Bist du einer, der da weiß?

Karkhan.
Seinem Hause nah verwandt.

König.
Nun, so sprich, was dir bekannt.

Karkhan.
Was man sagt, nicht was ich meine.
Jenen Toten, dir bewußt,
Fanden wir im Abendscheine,

Einen Dolch in seiner Brust.
Und der Dolch – er war der deine.

König.
Mein Dolch? Wie? *(Seinen Dolch halb ziehend.)*
Hier ist mein Dolch.

Karkhan.
Jenen Dolch, den du beim Jagen
Pflegtest in dem Gurt zu tragen,
Und auch trugst zu jener Zeit,
Da ein Wunder dich befreit.

König *(zu Rustan tretend, halblaut).*
Rustan, dir gab ich den Dolch,
Der im Wahnwitz der Gefahr
Meiner Hand entfallen war.
Bring ihn her! Gib mir ihn wieder!
Du entfärbst dich? – Rustan! Rustan!
Jener Mann, den sie beschrieben,
Ward durch mich vom Hof vertrieben,
Weil sein Trachten, frech gesinnt,
Sich erhob zu meinem Kind.
Also denn dein Nebenbuhler!
Rustan! Rustan! Und die Stimme,
Die von jenem Felsen sprach,
Und nun auftaucht, hell und wach,
Sie glich jenes Mannes Stimme,
Der nur jetzt des Mörders Grimme,
Unbekanntem Tod erlag.
Rustan, gib den Stahl mir wieder. *(Laut.)*
War's ein Dolch mit grünen Steinen?

Karkhan.
Mit Smaragden reich besetzt;
Tief im Busen eingetrieben,
Wo er graß zusammenhielt
Den durchnäßten braunen Mantel.

König.
Braunen Mantel? – Stand am Felsen
Bleich und hager – du standst seitwärts.
Oben er, und schoß – Wer traf?
Rustan, Rustan! – Sprich nicht jetzt!
Nicht ein Wort, das dich gereuet.
Ich will hin, den Toten sehn,
Du magst nach dem Dolche gehn.

Alter, folg! und folget ihr! *(Zu Rustan tretend.)*
Auf! zerstreue diese Wolke!
Denn Rechtfert'gung schulden wir,
Ich, der Fürst, dem ganzen Volke,
Du, der Sohn und Bürger, mir.

(Er geht, von Kaleb und seinem Gefolge begleitet ab.)

Zanga.
Herr, was nun?

Rustan.
Das fragst du mich?
Du, der sonst so überreichlich
Mittel wußte, Kniffe, Ränke,
Der mich bis hierher geleitet;
Losgerissen von der Heimat,
Mich die Würfel hieß ergreifen
Zu des Glückes falschem Spiel?
Dessen Zunge Schmeichellaut
Ich, ein Törichter, vertraut;
Der mit Lügen und mit Leugnen
Mich verlockt, mir anzueignen,
Was ein anderer getan;
Abgelockt mich von der Bahn,
Von der ebenen, geraden,
Von des Ruhmes goldnen Pfaden.

Zanga.
Ebnen Pfaden? Schöner Wahn!

Ach, verzeiht zu hohen Gnaden,
Fast kommt mir ein Lachen an:
Wackre Faust und schlichter Geist
Fördern auch und bringen weiter,
Etwa zu 'ner Fahne Reiter,
Einer Hauptmannsstell' zumeist,
Läßt mit halbzerschoßnen Knochen
Magre Gnadensuppen kochen.
Aber wen es höher treibt,
Auf zu Glückes reichern Spenden,
Wenn auch der im Fußweg bleibt,
Mag er nur die Schritte wenden.
Ich stellt' Euch mit einem Ruck,
Sei's im Guten, sei's im Schlimmen,
Auf des Berges höchsten Hang,
Dessen Mitte zu erklimmen
Ihr gebraucht ein Leben lang.

Rustan.
Und nun gähnt der Untergang!

Zanga.
Pah! und was ist auch verloren?
Wenn Ihr nicht die Schlange schlugt,
Habt Ihr doch den Feind geschlagen,
Allen ihren künft'gen Tagen
Heil gebracht und Sicherheit.
Habt Ihr nicht das Heer für Euch?
Flüchtet Euch in ihre Reihen,
Die Euch kühn gefolgt im Streit;
Mag dann dieser König dräuen,
Und wer weiß, wer noch gebeut.
Herr, nur Mut! Dort seh ich zwei
Von den Führern unsers Heeres.
Wie sie lauern! wie sie spähn!
Bleibt nur hier und harrt der Dinge,
Ich will mal sie prüfen gehn.

(Er geht nach dem Hintergrunde auf den Halbkreis von Menschen zu, die dort zurückgeblieben sind.)

Rustan.
Folg ich ihm? benütz ich eilend
Die Gelegenheit der Flucht?
Schändlich! Niedrig! Greulich! Greulich,!

Nicht daß ich den Mann erschlug.
Hab ich ihm den Tod gegeben,
War's, verteidigend mein Leben,
War's, weil jener Brücke Pfad,
Schmal und gleitend wohl genug,
Einen nur von beiden trug.
War's, weil er mit gift'gem Hohn
Lauernd seine Tat versteckte,
Und die Hand erst nach dem Lohn,
Dem bereits gegebnen, streckte.
War es, weil – muß ich's denn sagen
Er und ich zwei Häupter tragen,
Und dies Land nur eine Kron'.
Es geschah. Allein, wenn nicht,
Ständ', genüber seiner Tücke,
Jetzt ich auf der Schauerbrücke,
Es geschähe jetzt, wie da.
Doch, daß nach durchfochtnem Krieg,
Da mein Stern zum Scheitel stieg,
Ich, verklagt, soll Antwort geben
Über ein so niedrig Leben,
Dafür tröstet mich kein Sieg.

Oh, hätt' ich, o hätt' ich nimmer
Dich verlassen, heimisch Dach,
Und den Taumelpfad betreten,
Dem sich Sorgen winden nach.
Hätt' ich nie des Äußern Schimmer
Mit des Innern Wert bezahlt,
Und das Gaukelbild der Hoffnung

Fern auf Nebelgrund gemalt.
Wär' ich heimisch dort geblieben,
Wo ein Richter noch das Herz,
Wo kein Trachten ohne Lieben,
Kein Versagen ohne Schmerz!

Ha, und doch! zurück es lassen,
Was mir anbeut das Geschick?
Diese Stadt mit lauten Gassen,
Eines Reiches fürstlich Glück?
Wornach heiß mein Wunsch getrachtet,
Leibhaft, wirklich, schau ich's an
Und beim Griff der Hand umnachtet
Mich ein gaukelhafter Wahn?
Standen nicht der Vorzeit Helden
Oft auf gleicher Zweifelbahn?
Tu's! ließ Geist und Mut sich hören;
Tu's nicht! rief das Herz sie an;
Und sie ließen sich betören,
Um den Zaudrer war's getan;
Oder taten's, und wir schwören
Nun bei dem, was sie getan.

Ich will harren, ich will bleiben,
Gähnte weit des Todes Schlund;
Und wer's wagt, mich zu vertreiben,
Stehe fest auf seinem Grund.

(In einer Öffnung des Halbkreises, den die in der Ferne stehenden Menschen bilden, wird Zanga sichtbar.)

Rustan.
Zanga! Zanga!

Zanga *(kommt nach vorn, von einem graugekleideten alten Weibe gefolgt, das einen Becher trägt).*
Fort, du Hexe!

Die Alte.
Zanga, komm! gib's deinem Herrn!

Zanga.
Laß mich! Laß mich!

Die Alte.
Böser Diener!
Sorgst du nicht um deinen Herrn?

Rustan.
Was ist das?

Zanga.
Weiß ich es selber?
Sie verfolgt mich mit dem Becher,
Nennt's ein Mittel, nennt's Arznei.

Die Alte.
Wohl Arznei! Du böser Diener!
Nimm es nur, gib's deinem Herrn!

Zanga.
Laß mich, laß!

Rustan.
Wer sendet sie?

Die Alte.
Ich mich selbst, mein schöner Herr!
Du bist krank; sieh, das erfuhr ich –

Rustan.
Krank?

Die Alte.
Ei, Sohn! Bedenklich krank!
Wie glimmt wild dein dunkles Auge,
Wie zuckt gichterisch der Mund!
Gib die Hand mir, reich den Arm,
Und ich deute dir dein Fieber.

Rustan.
Laß!

Die Alte.

Wohl krank! *ansteckend* krank!
Einer starb schon, der dir nahte,
Draußen liegt er auf dem Sand.
Und der König fürchtet auch wohl,
Daß dein Übel ihn ergreife,
Darum harrt er, weilt mit Vorsatz,
Will dir Zeit, mein Söhnlein, geben,
Zu entweichen, zu entfliehn.

Rustan.

Zanga!

Die Alte.

Nun! Nur nicht verzagt!
Sieh, mein Sohn, hier ist ein Mittel,
Sieh den glimmernd schäum'gen Saft.
Kaum benetzt er deine Lippen,
Sinkt die Brandung ebbend nieder,
Lösen sich die müden Glieder,
Schweigt der Schmerz, erlischt der Tag,
Zürne dann, wer zürnen mag!

Rustan.

Greulich! Greulich!

Die Alte.

Ei, ich seh wohl,
Dich erschreckt des Trankes Anblick,
Weil er gar so brausend zischt.
Ei, das gibt sich, ei, das legt sich,
Wie Begeisterung der Jugend.
Auch, mein Sohn, in Wein gegossen,
Wirkt ein Tropfen wie das Ganze.
Hier steht Wein. Ha, und der Becher,
Sieh! wie gleicht er hier dem meinen.
Nun, ich mische dir den Trank.

(Sie nähert sich dem Tischchen neben dem Ruhebette, auf dem des Königs Becher steht.)

Rustan *(sie anfassend).*
Halt! – Und Zanga! – Laß den Vorhang
Laß des Zeltes Vorhang nieder!

(Zanga zieht den Vorhang, er schließt sich.)

Die Alte.
Hi, hi, hi! Warum den Vorhang?
Warum Decken denn und Hüllen,
Wenn wir Rechtes nur erfüllen?
Ei, du möchtest wohl den Trank,
Aber auch, daß man dich zwänge!
Ei, ich zwinge niemand, Sohn!
Bietend reich ich meine Gaben,
Wer sie nimmt, der mag sie haben.
Und so stell ich hin den Becher,
Der dich reizt, und der dich schreckt.
Wird dein Übel, Söhnlein, schlimmer,
Weißt du, was dir Heilung weckt.
Doch nicht bloß an dich gebunden,
Andern auch hilft dieser Trank,
Macht die Kranken schnell gesunden,
Die Gesunden freilich krank.
(Sie hat den Becher auf den links stehenden Tisch gestellt.)
Nun, mein Söhnlein, Gott befohlen!
Ohne Abschied, ohne Dank!

Rustan *(der mit gesenktem Haupte sinnend im Vorgrunde gestanden, fährt jetzt empor und faßt die Alte an).*
Halt! und nimm zurück den Becher,
Nimm zurück ihn, deinen Trank!

(Er ergreift den auf dem Tischchen rechts stehenden Becher und drückt ihn der Alten in die Hand.)

Die Alte.
Hi, hi, hi! Hast dich vergriffen!

Dort steht er, der edle Trank.
Das hier ist ja Saft der Trauben.
(Sie trinkt.)
Wie das labt – wie das erquickt!
(Den Becher umwendend.)
Leer und aus! – Nu, dir zum Heile!
Und den Becher mir zum Lohn.
(Sie steckt den Becher in ihr Gewand.)
Wohlgemut, mein teurer Sohn.
Nicht die Hand vors Aug' geschlagen!
Was dir kommt, das mußt du tragen,
Eine Leiche, auf dem Thron.
Bist nun deines Schicksals Meister,
Sprichst ein Wort im Rat der Geister,
Trägst dein eigen Los davon.

Horch! man kommt. Nun, ich will gehen.
Unbesorgt! Sie sehn mich nicht.
Ob gleich alle zu mir flehen,
Scheut doch jeder mein Gesicht.
Sieh dort offen eine Spalte
In des Zeltes dünner Wand,
Raums genug für eine Alte.
Nun, mein Sohn, die Zukunft walte!
Glück, Entschlossenheit, Verstand!

(Sie hinkt nach der rechten Seite des Zeltes und zieht sich hinter die Umhänge des dort stehenden Ruhebettes zurück, blickt noch einmal, die Vorhänge aufhebend, hervor und wird dann nicht mehr gesehen.)

Rustan.
Sieh! wo kam sie hin, die Alte?

Zanga.
Herr, ich weiß nicht. Sie entschwand.
War's dort durch des Umhangs Spalte,
War's – mir bleibt es unerkannt.

Rustan.
Schweig, und gib das Tuch.

(Auf ein dunkelrotes Tuch zeigend, das Zanga lose um den Hals geschlungen trägt.)

Zanga.
Das Tuch?

Rustan.
Wohl, das Tuch – so! – und nun stille!

(Er hat das dunkelrote Tuch über den gleichbehangenen Tisch links und den darauf stehenden Becher gebreitet und steht in banger Erwartung.)
(Die Vorhänge des Zeltes tun sich auf. Der König tritt ein, hinter ihm Kaleb, Karkhan und zwei Begleiter.)

König.
Du noch hier?

Rustan.
Wo sonst, mein König?

König.
Nun, ich dachte dich entfernt.
Geht, ihr andern. *(Zu Kaleb.)* Du nur bleib!

(Das Gefolge entfernt sich, die Vorhänge des Zeltes werden geschlossen.)

König *(der einem der Abgehenden den braunen Mantel und den Dolch abgenommen hat, die dieser trug, den Mantel auf den Boden hinwerfend).*
Rustan! kennst du diesen Mantel?
Diesen Mantel, diesen Dolch?

Rustan.
Schlecht versteh ich mich auf Kleider;
Doch auf Waffen gut, du weißt's.

König.
Nun denn: kennst du diese Waffe?

Rustan.
Wohl; es ist derselbe Dolch,
Den du einst verlorst beim Jagen.

König.
Ich verlor? Den ich dir gab.

Rustan.
Ja, nachdem du ihn verloren,
Und ich ihn gefunden, Herr;
Wie ihn wohl ein andrer fand,
Als ich selbst ihn drauf verloren.

König.
Du verlorst ihn?

Rustan.
Wohl.

König.
Ein andrer
Fand ihn?

Rustan.
Also scheint's.

König.
Und tat
Jener andre das Verbrechen,
Das laut aufmahnt, es zu rächen?

Rustan.
Laß mich Herr, von dem nur sprechen,
Was ich selber tat und weiß.

König.
Und der Mantel?

Rustan.
Herr, ich sagt' es:
Schlecht versteh ich mich auf Kleider.

König.
Doch die Züge jenes Toten,
Sie sind auch des Mannes Züge,
Der mich auf der Jagd befreit.

Rustan.
Du warst damals kaum bei Sinnen,
Erst nur hast du's selbst bekannt.

König *(die Schrift emporhaltend, die ihm Der alte Kaleb gab).*
Und die Schrift hier sagt so vieles,
Zeigt, wie dem so graß Verblichnen
Hohes Unrecht ich getan.

Rustan.
Tatst du dem Verblichnen unrecht,
Tu nicht Gleiches dem Lebend'gen.
Was soll mir die tote Schrift?
Laß dir meine Taten sprechen!
Wer schlug jene blut'ge Schlacht,
Die dir Heil und Sieg gebracht?
Wer befestigte die Krone,
Halb von einem Feind geraubt,
Wieder dir auf deinem Haupt?
Dankst du's nicht, wenn du noch dräust,
Dem Bedrohten, mir, zumeist?
Ha, ich find es wohl bequem,
Dadurch sich den Dank zu sparen,
Daß dem Retter, daß wir dem,
Durch den Heil uns widerfahren,
Häufen auf des Vorwurfs Last;
Den Berechtigten, mit Lachen,
Zum Verpflichteten uns machen.
König, mir gib erst mein Recht!
Was geschehn an jenem Knecht,
Laß uns künftig sehn und rächen.
Jetzt erst halte dein Versprechen,
Gib, was du mir zugesagt!

König.
Halt! Was damals ich versprach,
Zogen andre Gründe nach!
Wer mein Höchstes sein will sehn,
Muß, ein Reiner, vor mir stehn.
Reine dich vor meiner Macht!
Noch hat niemand es erfahren,
Was dich drücket für Verdacht;
Zeit geb ich dir diese Nacht
Mit dir selbst zu Rat zu sitzen,
Was dir frommen mag und nützen.
Aber bricht der Morgen an,
Ohne daß du's dargetan,
Samml' ich einen andern Rat
Aus den Besten meines Heeres;
Der soll sitzen und entscheiden,
Wer im Recht ist von uns beiden.
(Er wendet sich von ihm; zu Kaleb.)
Alter, komm! Ich will nun lesen
Deine Schrift, so weit sie geht.
Was dein armer Sohn gewesen,
Zeigt sie deutlich – nur zu spät.
(Am Sofa rechts stehend.)
Doch erst geh nach Licht und Wein.
Es wird dunkel, und mich dürstet.
Hier ließ ich, da erst ich ging,
Stehen einen vollen Becher,
Einen Becher Freudenwein.
Sog ihn denn der Boden ein?
Zwar, die Freude ist vergangen,
Und verging denn auch der Wein?

(Rustan hat ergrimmt das über dem Becher auf dem Tische links ausgebreitete Tuch hinweggerissen.)

König.
Doch, dort steht er. Wie er blinkt,
Freundlich mir entgegenwinkt!

Ach, was ist seitdem vergangen,
Seit mein Mund an dir gehangen!
Zanga, geh nach Licht! *(Zanga geht ab.)* Du, Alter,
Bring mir her dort jenen Becher,
Jenen frohen, holden Wein!
Ach, vielleicht, daß von dem Glück,
Das in mir, als ich getrunken,
In den Kelch ein Hauch gesunken,
Und er gibt ihn nun zurück.
Bring den Becher, bring den Wein!

(Er hat sich auf das Sofa gestreckt. Der alte Kaleb geht nach dem Becher auf dem Tisch links. Da er ihn bereits ergriffen, fällt ihm Rustan in den Arm.)

Rustan.
König, trink nicht!

König.
Und warum?

Rustan.
Nicht aus dieses Mannes Hand,
Der durch schlau erdachte Lügen
Ab mir deine Gunst gewandt,
Und der töten kann, wie lügen;
Nicht aus dieses Mannes Hand!

König.
Ruhig sei du nur zur Stund'!
Was er sprach, *(Die Schrift in seiner Hand haltend.)* was hier geschrieben,
Ist dem Wahren treu geblieben,
Wahrheit sprach sein stummer Mund.
Und so nehm ich mit Vertrauen
Das Gefäß aus seiner Hand.
Wer wird allen denn mißtrauen,
Weil ein einz'ger nicht bestand?

Rustan.
Wohl denn! sei's zum Glück gewandt!

(Er läßt den Alten los, der den Becher dem Könige bringt.)

König.
Rustan, sieh hier diesen Becher,
Den ich erst dir zugetrunken,
Erst als Erben und als Sohn,
Sieh, ich halt ihn jetzt noch immer
Mit versöhnlichem Gemüt.
Dünkt es gut dir, aufzuklären,
Was geschehn, was du getan; –
Zwar nicht mehr als Sohn und Erbe,
Da reicht Höhres nur hinan; –
Doch mit Zeichen meiner Gnade,
Mit Geschenken reich geschmückt,
Sollst du ziehen deine Pfade,
Wie kein Sterblicher beglückt.
Laß den Frieden uns erneuen!
(Den Becher emporhebend.)
Rustan! Allen, die bereuen!

Rustan *(vor sich hin).*
Prosit! – Wen's zuerst gereut!

(Er wendet sich ab.)
(Da der König im Begriffe ist zu trinken, öffnen sich die Vorhänge des Zeltes und Zaziga tritt ein; hinter ihm Diener mit Lichtern und Wein.)

König.
Setzt die Lichter auf den Tisch,
Und geht hin zu meiner Tochter;
Ich will hier des Abends Kühle
Noch ein Stündchen mir genießen.
Erst zu Nacht erwartet mich!
Aber fort mit den Gefäßen!
Hier ja steht mein Freudenwein. *(Er trinkt.)*
Nie ja trank ich so gewürzten,
Feurig-starken, schäum'gen, dunkeln;
Jugendähnlich gleitet er
Durch die abgespannten Fibern
Und die Luft im Raum erzittert

Von dem sprühend geist'gen Duft.
Köstlich! labend! *(Er trinkt.)*

Zanga.
Herr, o sieh!

Rustan.
Schweig!

Zanga.
Die Führer auch des Heeres
Sind gewonnen, Euch zu Dienste.
Über Undank murren sie,
Harren Eurer.

Rustan.
Nun, ich komme.

König.
Geht ihr andern! Kaleb, bleib!
(Die Diener gehen.)
Laß uns sehen diese Schrift,
Die zerstreuten einzlen Blätter,
Die dein Sohn aus der Verbannung,
Nebst der Schutzschrift, die wir lasen,
Schrieb dem tiefgekränkten Vater.
Hier stehn Namen, die ich kenne.
Horch! und – schweig! sagt' ich beinah,
Doch du schweigst ja jetzt und immer.

(Rustan ist, den übrigen folgend, bis zu des Zeltes Ausgang gekommen, dort bleibt er stehen und tut, lauschend, einige Schritte zurück. Der König liegt lesend auf dem Sofa, an dessen Seite der alte Kaleb, auf den Knien niedergekauert, zuhört. Die Lichter auf dem Tische erhellen die Gruppe. Der übrige Teil der Bühne ist dunkel.)

Der König *(liest)*.
»An den Quellen des Wahia
Leb ich einsam, ein Verbannter,
Nah des alten Massud Hause.«

Also schreibt dein armer Sohn
In dem ersten seiner Blätter.

»Sah dort Mirza, seine Tochter,
Sie, die einz'ge, die vergleichbar,
Nahe mindstens kommt Gülnaren,
Meines Herrn erlauchter Tochter.«
Wohl erlaucht! Hättst du's bedacht,
Dein Geschick wär' leicht und milde.
(Weiterlesend.)
»Rustan, Rustan, wilder Jäger!
Warum quälst du deine Liebe,
Suchst auf unbetretnen Pfaden
Ein noch zweifelhaft Geschick?«

(Die hintern Vorhänge werden durchsichtig und zeigen in heller Beleuchtung Mirza mit in dem Schoße liegenden Händen vor der Hütte ihres Vaters sitzend. Vor ihr steht ein Greis, in Gestalt und Kleidung ganz dem alten Kaleb ähnlich. Er hält eine kleine Harfe im Arm. Rustan, der zusammenfahrend einige Schritte zurückgewichen ist, macht, mit beiden Händen auf die beiden Greise zeigend, ihre Ähnlichkeit bemerkbar.)

König *(lesend).*
»Schau, sie kommt dir ja entgegen,
Sorgt um dich mit frommen Blick,
(Mirzas Gestalt erhebt sich.)
Kehr zurück auf deinen Wegen,
Wenn nicht hier, wo ist das Glück?«

Rustan.
Mirza! Mirza!

(Die Erscheinung verschwindet.)

König.
Wer ist hier?

Rustan *(vortretend).*
Ich, mein Fürst.

König.
Und was führt her dich?

Rustan.
Nennen hört' ich meinen Namen,
Und ich glaubte, Herr, du riefst.

König.
Nicht nach dir; doch rief ich Rustan;
War's ein andrer gleich, der fern wohnt
An den Quellen des Wahia.
Doch, da hier, magst du nur bleiben.
Manches steht wohl hier geschrieben,
Das du deuten kannst und sollst.

(Rustan zieht sich zurück.)

Der König *(liest weiter).*
»Rustan, Rustan! wilder Jäger« – *(Einhaltend.)*
Wird's mir dunkel doch und wirre!
Alter, rück die Leuchte näher,
Schlummer, scheint's, trübt meinen Blick.
Noch ein Schluck. *(Er trinkt.)*
Nun, so scheint's besser. *(Er liest.)*
»Rustan, Rustan, wilder Jäger,
Kehr zurück auf deinen Pfaden!
Was ist Ruhm, der Größe Glück?
Sieh auf mich! Weil ich getrachtet
Nach zu Hohem, nach Verbotnem,
Irr ich hier in dieser Wüste,
Freigestellt das nackte Leben
Jedes Meuchelmörders Dolch.«

(Die Wand des Zeltes wird von neuen durchscheinend. Es zeigt sich, hell beleuchtet, der Mann vom Felsen. Der braune Mantel hängt nachschleppend über die rechte Schulter. An der linken entblößtem Brust nagt eine Natter, die er in der Hand hält.)

König *(liest).*
»Und wenn ich ihn auch zermalme,

Wie der Hirt die Schlange tritt,
Bin ich minder tot?«

(Der Mann vom Felsen macht eine Bewegung mit der Hand, als wollte er die Schlange nach Rustan schleudern.)

Rustan *(niederstürzend).*
Entsetzen!

(Die Erscheinung verschwindet.)

König.
Was ist hier?
(Die Umhänge des Ruhebettes zurückschlagend.)
Rustan am Boden?
Was geschah? Sieh, Alter, hin!

(Der alte Kaleb nähert sich dem Hingesunkenen.)

Rustan *(sich emporrichtend).*
Ist er fort? Ha, Zauberkünste!
Und doch nur der Sinne Traum.
(Nach rückwärts gewendet.)
Kommst du immer, wenn's zu spät?
Immer, wenn's bereits geschehen?
Sieh den Becher halb geleert,
Ganz erfüllt schon mein Geschick.

König.
Mir wird schwül, mein Innres brennt.
Aufwärts bäumen sieh die Fluten,
Alle Tropfen meines Blutes.
Böser Trank. – Was war im Becher?
Rustan! Rustan! Was im Becher?

Rustan *(bebend).*
Herr, weiß ich's?

König.
Und das Gefäß!
Was nur trübte meine Augen?
Das ist nicht derselbe Becher!

Fremde Zeichen stehen drauf,
Sinnlos wilde, wirre Zeichen.
Wo mein Becher? Rustan, Rustan!

Rustan *(in die Knie sinkend).*
Herr, weiß ich's?

Die Alte *(kommt hinter den Umhängen des Ruhebettes hervor. Sie rollt den mitgenommenen Becher mit dem Fuße vor sich her, dem Vorgrunde zu).*
Hi, hi, hi!
Lauf mein Rädchen,
Spinn dein Fädchen!
Nun und nie!
Hi, hi!

(Sie verschwindet hinter den Vorhängen.)
(Rustan hat sich bemüht den rollenden Becher aufzuhalten und unter dem am Boden liegenden Mantel zu verbergen.)

König.
Welch Geräusch? – Das ist mein Becher;
Dieser hier ein unterschobner.
(Er ist vom Bette aufgestanden.)
Rustan, Rustan! Heil'ge Götter!
Ist denn niemand hier? Kein Helfer?
Alter, komm, sei du mir Stütze!
(Zu Rustan, der noch immer mit dem Becher beschäftigt ist.)
Ha, umsonst verhüllst du es!
Ewig sichtbar dein Verbrechen!

Alter, hilf! Ach, ich vergehe!
Hört denn niemand? Eilt nach Ärzten!
Rettung! Beistand! Rache! Hilfe!

(Er sinkt am Eingange des Zeltes den dort Entgegenkommenden in die Arme. Die Vorhänge schließen sich über der Gruppe.)

Rustan *(nachdem er einige Male nach dem vor ihm liegenden Becher gegriffen hat, ihn endlich fassend).*
Endlich! Endlich! – Ha, und dort!
(Er hebt auch den zweiten neben dem Ruhebette liegenden Becher auf, die Becher

in beiden Händen wechselweise betrachtend.)
Eins und eins!
(Mit den Augen am Boden suchend.)
Wo ist der zweite?
Eins und eins! Der zweite, wo?
Wo der andre, andre Becher?

(Er sinkt erschöpft mit dem Haupt gegen das Ruhebette.)

Zanga *(kommt).*
Herr! ach, alles ist verloren!

Rustan *(fährt empor).*

Zanga.
In den Armen drauß der Seinen
Liegt der alte Fürst vergehend.
Seine Lippen stammeln Worte,
Er enthüllt wohl, was geschehn,
Was hier vorging, spricht er aus.

Rustan *(den Tisch neben dem Sofa von der Stelle rückend).*
Fort den Tisch hier und das Bette!
Dort hinaus entkam die Alte;
Da hinaus entflieh auch ich.

Zanga.
Fruchtlos, denn hier grenzt die Halle
An des Schlosses innre Räume;
Hier im Wege feste Mauern,
Dort verwehrt's ein tobend Volk.

Rustan.
Hier hinaus! Mit meinen Zähnen
Will ich an der Mauer brechen,
Hier mit diesen meinen Armen
Einen Rettungsweg zur Flucht.

Zanga.
All umsonst! Denn horch! man kommt.

Rustan.
Nun, so halt bereit dein Messer,
Und wenn sie mich greifen, Zanga,
Stoß von rückwärts mir's in Leib.
Hörst du wohl? von rückwärts, Zanga,
Und wenn alles erst verloren.

(Er steht, auf Zanga gestützt, mit vorhängendem Haupte.)
(Die Vorhänge des Zeltes teilen sich nach beiden Seiten. Die Stadt ist vom Monde hell beleuchtet. Volk erfüllt den äußern Raum.)

Gülnare *(von ihren Frauen gefolgt, kommt von der linken Seite und eilt nach dem Vorgrunde).*
Hier ist der, den ich genannt!

Rustan.
Zanga! Deinen Dolch! Gib Waffen!

Gülnare.
Herr, zu dir gehn meine Schritte.
Tot im Staube liegt mein Vater,
Und die wutentbrannten Mörder –

Rustan.
Wer? Wer sah's? Wer weiß? Weiß ich's?

Gülnare *(fortfahrend).*
Jener greise, stumme Mann,
Der, den Tod des Sohnes rächend,
Ausgestreckt die frevle Hand
Nach des edlen Fürsten Leben,
Seine Helfer und Genossen
Ruhen nicht, bis sie dem Vater
Mich, die Tochter, nachgesandt.
Zwar, der Frevler ist gefangen,
Aber mächtig sind die Seinen,
Man befreit ihn, er kehrt wieder,
Und vollendet sein Geschäft.

Rustan.
Zanga! Zanga! Spricht sie? Hör ich?

Gülnare *(kniend).*
Herr, o stoß mich nicht zurück!
Deinen Namen auf den Lippen,
Starb der gute, alte Vater,
Gleich, als wollt' er seine Liebe,
Sein Vertraun auf deinen Beistand
Noch im Abschied von dem Leben
Mir als letzte Erbschaft geben.
»Rustan«, sprach er, und verschied.
Und so fleh ich denn im Staube:
Nimm die Einsame, Verlaßne,
Einst bestimmt zu nähern Banden,
Nimm sie auf in deinen Schutz!

(Trompeten.)

Gülnare *(aufstehend).*
Hörst du? Auch das Heer in Aufruhr.
Es rückt an auf diese Mauern.
Deinen Namen nennen sie,
Ihren Führer, dich, als Herrn.
Und das Volk schart sich zu ihnen,
Alle gegen mich gerichtet,
Ohne deinen, deinen Schutz.

(Von der linken Seite, außer den Vorhängen, bringen einige Gewaffnete den alten Kaleb.)

Gülnare.
Siehst du dort den grauen Mörder?
Wie er funkelt, wie er glüht!
Weh!

Zanga *(die Hand an den Säbel gelegt).*
Auf ihn! Haut ihn in Stücke!

(Von der rechten Seite, aus dem Hintergrunde, ziehen in Reihen bewaffnete Krieger und schwenken sich gegen die Mitte zu halb auf.)

Gülnare.
Dort das Heer! Ich bin verloren!

Rustan *(gegen Zanga und die Bewaffneten, die den alten Kaleb bedrohen).*
Halt!
(Gegen die Reihen der Krieger.)
Und ihr!
(Auf Kaleb.)
Was er verbrochen,
Ob er schuldig, ob er's nicht,
Übergebt ihn meiner Obhut
Und bestellet ein Gericht.
(Gegen das Heer.)
Und ihr andern, wackre Krieger,
Aber schuldig jetzt – gleich mir!
(Er wirft sich vor Gülnaren nieder.)
Werft, gleich mir, euch hin im Staube.
Eure Herrscherin steht hier!

(Die vordersten des Heeres knien, die übrigen senken die Lanzen.)

Gülnare.
Habe Dank! – Euch sei verziehen!
Allzu glücklich, als Empörer,
Daß, was ihr mit Trotz begehrt,
Eure Fürstin frei gewährt.

(Man hat den Turban des Königs gebracht und die Krone davon abgelöst.)

Dieses Landes Herrscherschmuck,
Er bleibt mein, ich geb ihn niemand,
Sollte Tod mich übereilen,
Niemand, keinem, auch nicht dir!
Geben nie – wohl aber teilen!

(Sie hebt die Krone in der Rechten hoch empor, während Rustan mit den Zeichen wilder Verzweiflung die Stirne gegen den Boden drückt.)

Das Volk.
Hoch Gülnare, unsre Fürstin!
Hoch Gülnare, Rustan! Rustan!

(Der Vorhang fällt.)

Vierter Aufzug

Saal im Königlichen Schlosse, links und rechts Seitentüren. Im Hintergrunde links der Haupteingang, daneben ein alkovenartiger Raum, durch einen Vorhang bedeckt. Rechts im Vorgrunde ein Tisch und Stuhl.

Rustan, kostbar gekleidet, einen goldenen Reif im Haar, kommt hastig durch den Haupteingang. In demselben Augenblicke tritt Zanga durch die Seitentüre links ein. Rustan bedeutet ihm mit auf den Mund gelegtem Finger, umzukehren. Zanga zieht sich durch die Tür zurück. Rustan selbst tritt in den durch den Vorhang abgeschlossenen Raum. Karkhan und zwei seiner Verwandten kommen durch den Haupteingang.

Karkhan.
Hierher kommt, und folgt mir, Freunde!
Was ich längst bei mir beschlossen,
Jetzt und jetzo führ ich's aus.
Könnt ihr länger es mit ansehn,
Wie der eingedrungne Fremde
Eurer und der Euren spottet?
Jeden Tag an Kühnheit wachsend,
Jede Stunde an Gewalt?
Schwinden täglich nicht die Besten,
Denen seine Furcht mißtrauet,
Unbemerkt aus unsrer Mitte?
Wie? Wohin? Wer kann es wissen?
Und sein Helfer, jener Schwarze,
Den der Abgrund ausgespien,
Stachelt tückisch seine Kühnheit
Bis zu selbstvergeßner Wut.
Wo ist Recht noch und Gericht?
Schmachtet nicht mein alter Ohm,
Er, der sprachlos Unglücksel'ge,
Schwarzer Frevel falsch beschuldigt,
Ungehört und unvernommen,
Rechtlos hinter schwarzen Mauern,
Überwiesen, weil verklagt?

Oh, daß ein gerechter Richter
Mit den Augen, statt den Ohren,
Hörte seine stumme Sprache,
Die er spricht, der Unglücksel'ge,
Statt mit Lippen, mit der Hand;
Manche Zweifel würden schwinden,
Manche Rätsel würden klar;
Die jetzt, richtend, andre binden,
Stellten selbst sich schuldig dar.

Ha, ihr schweigt? Blickt auf den Boden?
Seid ihr Männer, wagt's zu sein!
Folgt mir! Hier der Fürstin Zimmer,
Wir zu drei, wir treten ein,
Klagen ihr des Landes Nöten,
Klagen ihr die eigne Not,
Zeigen ihrem Schamerröten,
Wie so machtlos ihr Gebot.
Oh, ich weiß, sie seufzet selber
Unter jener Ketten Last,
Die der Fremde um sie herschlingt
Wie um eine Sklavin fast.
Laßt uns auf die Hohe richten,
Meinem Oheim werde Recht;
Frei und laut vor allem Volke
Tue sich Verborgnes kund,
Und wer schuldig, und wer schuldlos,
Richte weiser Richter Mund.
Einen Schritt schon tat ich selber,
Einen schon hab ich gewagt –
Doch ein Tor, der früher sagt,
Was getan erst nützt und frommt.
Kommt und folget mir zur Fürstin,
Dort allein ist Schutz und Halt;
Dieser Tag, er sei der letzte
Eingedrungner Machtgewalt.

(Sie gehen auf die Seitentüre rechts zu.)

Rustan *(der während der letzten Worte hinter dem Vorhange hervorgetreten ist, verstellt ihnen den Weg).*
Halt noch erst! Gebt euch gefangen!

Karkhan.
Welchen Rechtes?

Rustan.
Hochverräter!
Zanga! Wachen! Wachen! Zanga!

(Die drei ziehen die Dolche.)

Rustan.
Zieht nur aus die feigen Waffen,
Nicht ein Heer von euresgleichen
Fürcht ich, einzeln, wie ich bin.

(Aus der Seitentüre links kommt Zanga, durch die Mitteltüre ein Hauptmann mit Soldaten.)

Rustan.
Schafft sie fort, die Hochverräter!

Karkhan.
Hochverräter? Wir?

Rustan.
Ihr leugnet's?
Blinkt nicht noch in euren Händen
Der Empörung frecher Stahl?
Oh, ich kenne euer Treiben!
In dem Innern eurer Häuser
Lauern meine wachen Späher,
Was ihr noch so leis gesprochen,
Reicht von fern bis an mein Ohr.
Fort mit ihnen, ohne Zaudern!

Ich will dieses Land durchflammen
Wie ein reinigend Gewitter,
Niederschmettern seine Stämme,
Aus dem Grund die Wurzeln haun

Und dem Boden, wenn gereutet,
Neuen Samen anvertraun!
Fort mit ihnen!

(Der Hauptmann hat sich Karkhan genähert, der mit einer bittenden, stummen Gebärde, auf die Tür der Königin zeigend, ihn einzuhalten bittet.)

Rustan *(zu Zanga im Vorgrunde, leise).*
Aber du
Geh zum Kerker jenes Alten,
Den ich selbst dem Licht erhalten,
Die Notwendigkeit gebeut:
Schaff ihn fort!

Zanga.
Wohl, Herr, doch wie?

Ein Kämmerer *(kommt aus der Seitentür rechts).*
Herr, die Königin läßt fragen,
Welch Geräusch in ihren Zimmern –?

Rustan.
Früh genug soll sie's erfahren,
Wenn getan, was not zu tun.

(Der Kämmerer geht wieder ab.)

Rustan *(zu Zanga leise).*
Schaff ihn fort aus diesen Mauern!
Laß mit vorgehaltnem Dolch
Ihn geloben teure Eide;
Aber, von Gefahr bedrängt,
Besser er, als – merk – wir beide!

(Zanga zieht sich zurück, während des Folgenden geht er leise fort.)

Rustan *(die Gefangenen erblickend).*
Ihr noch hier? Fort mit den Frevlern!

Hauptmann.
Herr, die Königin naht selber.

(Er zieht sich zurück.)
(Zwei Kämmerlinge haben die Seitentüre geöffnet. Gülnare tritt heraus mit Begleitung.)

Gülnare.
Man verweigert die Erklärung
Dem von mir gesandten Diener.
Hier bin ich, mein eigner Bote,
Um zu fragen, was geschah.

Rustan *(auf Karkhan zeigend)*.
Führt sie fort!

Gülnare.
Wer sind die Leute?

Rustan.
Hochverräter.

Karkhan.
Unterdrückte,
Die zu deinen Füßen flehn.

(Die drei knien.)

Gülnare.
Laßt sie sprechen.

Rustan.
Einverstanden
Mit dem alten grauen Frevler,
Der nur allzu leicht gebüßt –

Karkhan.
Einverstanden, wenn er schuldlos,
Doch sein Feind, wenn er der deine.
Nicht Verzeihung und nicht Schonung,
Nur Gehör bitt ich für ihn;
Was Verbrechern selbst zuteil wird,
Eines Richters Aug' und Ohr.

Gülnare.
Billig scheint, was sie begehren.

Rustan.
Wär' es so, würd' ich's gewähren.

Gülnare.
Und wenn ich's nun selber wünsche?

Rustan.
Wünsche! Wünsche!

Gülnare.
Und befehle.

Rustan.
Ließe gleich sich mancherlei
Noch entgegnen diesem Spruche,
Der ein Wunsch und ein Befehl;
Doch, gefällig gegen Damen,
Füg ich gern mich unbedingt.
Und schon sandt' ich meinen Diener,
Der den vielbesprochnen Alten
Hin vor seinen Richter bringt.

Karkhan.
Trifft ihn der, ist er verloren.
Sende selbst nach seinem Kerker,
Leih ihm selbst ein gnädig Ohr.

Gülnare *(zum Kämmerer).*
Geh denn hin, und führ ihn vor.

Rustan.
Halt! *(Dem Kämmerer den Weg vertretend.)*

Gülnare.
Ich sprach!

(Der Kämmerer geht ab.)

Rustan.
Nun wohl, ich sehe,

Was ein Bund mir schien der Kleinen,
Und ein Anschlag in geheim,
Ist ein offenkundig Bündnis
Zwischen Hohen, zwischen Niedern,
Gift von Schlangen und Insekten
Auf des Leuen Untergang.
Und auf nichts Geringres zielt man,
Als den überläst'gen Vormund,
Der mit seines Armes Walten
Weiberhafter Launen Willkür
Fern von diesem Reich gehalten,
Einzuschüchtern, wenn nicht mehr.

Gülnare.
Was es sei, es wird sich zeigen,
Bringt man erst den Alten her.

Rustan.
Eines nur hast du vergessen:
Daß des weiten Landes Beste
Meinem Arm ihr Heil vertraun.
Meinem Rufe folgt dein Krieger,
Und dein Höfling meinem Wort;
Zutraunsvoll der stille Bürger
Sieht nach mir, als seinem Hort.
Ja, der Diener, den du sandtest,
Jenen Alten zu befrein,
Kehrt erfolglos von der Pforte,
Läßt nicht mein Geheiß ihn ein.
Denn des festen Turmes Wache
Steht in meiner Fahnen Eid,
Mit dem Kopf bezahlt der Schwache,
Der ihn ohne mich befreit.
Längst schon dieses Tags gewärtig,
Sah ich so mich weise vor:
Wer von Gnade lebt, ist zaghaft,
Wer auf Dank zählt, ist ein Tor.

Gülnare.
Wie nur allzu schnell enthüllst du,
Was die Ahnung längst befürchtet.
Vater, Vater! Welchem Schützer
Gabst dein Liebstes du in Haft!

Rustan.
Er wohl wußte, wem zu trauen:
Nicht der blöden Scheu, der Kraft.

Karkhan.
Fürstin, sei du nicht beklommen,
Noch ist alles nicht verloren,
Mancher Helfer bleibt dir noch.
Meine Freunde stehn in Waffen,
Und was lange still beschlossen,
Frei und offen künd ich's nun.
Während hier zu dir ich spreche,
Sprechen sie zu deinem Volke,
Schütteln ab das feige Joch.
Und schon, dünkt mich, hat's begonnen,
Denn der Helfer seiner Taten,
Sieh, verschüchtert, stumm, beklommen,
Wie nach schlecht vollbrachtem Auftrag,
Kehrt er wieder, ist er da.

Zanga *(ist mit allen Zeichen der Verwirrung eingetreten und hat sich in Rustans Nähe gestellt).*

Karkhan.
Und herauf die weiten Stiegen
Dringt ein bunt verworrnes Rauschen,
Wie von Tritten, wie von Stimmen.
Ja, dein Volk führt deine Sache,
Und es kam der Tag der Rache.
Siehst du dort? Mein Ohm ist frei!

(Der alte Kaleb erscheint an der Türe. Bewaffnetes Geleite hinter ihm.)

Rustan *(zu Zanga).*
Tor und Schurke!

Zanga.
Herr, gar alt
Ist der Spruch: vor Recht Gewalt.

(Der alte Kaleb ist eingetreten. Da er Rustan erblickt, will er wieder zurück.)

Gülnare.
Bleib du nur und fürchte nichts.
Ich bin hier zu deinem Beistand.
Ja, man braucht dein einfach Zeugnis
Über einen wicht'gen Punkt,
Den noch Nebel dicht umwallen,
Und nur dir bekannt von allen:
Deut uns deines Königs Tod.

Rustan.
Er ihn deuten? Raserei!
Er, der selbst der Tat verdächtig,
Überwiesen wohl sogar,
Der in jener grausen Stunde
Schuldig hieß in jedem Munde,
Stellt sich jetzt, ein Kläger, dar?

Gülnare.
Der Verdacht der ersten Stunde
Ist darum nicht immer wahr.
Wohl hab ich seitdem vernommen,
Daß der König, als er hinging
In den letzten, tiefen Schlaf,
Diesen hier als Freund umfangen,
Ihm vertraut die letzten Worte;
Und er wußte, wer ihn traf.

(Der alte Kaleb ist auf die Knie gesunken, und streckt flehend die Hände empor.)

Rustan.
Ha, vortrefflich ausgesonnen,
Nur nicht auch so leicht vollbracht.

Du vergißt, daß hier dein Zeuge,
Daß er lautlos wie die Nacht,
Und mit Blicken und mit Mienen,
Die ihr schlau ihm beigebracht,
Kann vor Kindern er bestehen,
Nicht vor der Gesetze Macht.

Gülnare.
Und du selber hast vergessen,
Daß der Mensch in seiner Weisheit
Längst ein Mittel ausgedacht,
Zu verkörpern seine Laute,
Festzuhalten, was gedacht.
Dort ein Tisch, Papier und Feder,
Mit zwei Zügen ist's vollbracht,
Und ein ärmlich Blatt erhellet
Des Geschehnen dunkle Nacht.
Setzt ihn hin und laßt ihn schreiben,
Ihn beschützet meine Macht.

(Der Alte ist von seinen Verwandten an das Tischchen rechts im Vorgrunde gesetzt worden. Man hat ihm Schreibgeräte gegeben.)

Rustan.
Mag er schreiben, mag er lügen,
Gleichviel wen, ob mich es trifft.
(Den Säbel in der Scheide emporhaltend.)
Meine Feder birgt die Scheide,
Blut'ge Wunden meine Schrift.
Geifre Wurm! ich geh, zu ordnen,
Was unschädlich macht dein Gift.

(Er geht nach dem Hintergrunde zu, bleibt aber in der Mitte, halb gegen den Alten gewendet, erwartend stehen.)

Karkhan *(zu dem Alten).*
Zittre nicht, sei nicht beklommen,
Ist es doch schon halb vollbracht!

Silben bilden sich und Worte. *(Lesend.)*
»Eures Königs Mörder –«

Rustan *(mit heftiger Bewegung, den Säbel halb aus der Scheide gezogen).*
Halt!

(Der Alte fährt erschreckt empor und hält sich zitternd am Tische fest, die Feder entsinkt seiner Hand und fällt auf der rechten Seite des Tisches zur Erde.)

Rustan.
Ich verbiete, daß er schreibe!

Gülnare.
Ich befehle, daß er's soll!

Rustan.
Stellt ihn mir! Mir fest ins Auge
Mag er schauen und vergehn!
Oder ihr, die ihr so eifrig
Seine Meuterkünste fördert.
Ist hier Landes denn nicht Sitte,
Daß in Fällen dunklen Rechts,
Wo's an Licht fehlt und Beweisen,
Beide Teile sich zum Zweikampf
Stellen mit geschärften Eisen?
Auf! Wer ficht für diesen Alten?
Ich will Gegenpart ihm halten.

Gülnare.
Nicht wer stärker, wer im Recht,
Zeige Einsicht, statt Gefecht!
Schreib du nur! Wo ist die Feder?
Er verlor sie, bringt ihm neue.

Zanga *(der während des Vorigen, in Absätzen sich von seinem Herrn entfernend, von rückwärts auf die rechte Seite des Vorgrundes gekommen ist).*
Neu ist gut, doch alt ist besser.
(Er hebt die am Boden liegende Feder auf.)
Hier die Feder!
(Rasch nach dem Eingange blickend.)
Doch wer naht?

(Die Blicke der Nächststehenden folgen den seinigen und wenden sich nach der Türe.)

Zanga.
Alter, hier!
(Er reicht ihm die Feder mit der linken Hand. Während der Alte zögernd darnach greift, fährt Zanga mit der Rechten, in der er den Dolch verborgen hält, ihm entgegen und verwundet ihn.)
Doch sieh dich vor!

Der Alte sinkt mit einem unartikulierten Schmerzenslaut in den Stuhl zurück, die verwundete Rechte mit der Linken, später mit einem Tuche bedeckend.)

Gülnare *(nach dem Alten blickend).*
Ha, was ist? Du bist verwundet?

(Zanga hat die Hand, in der er den Dolch hält, rasch auf den Rücken gelegt, und sucht den Hintergrund und die Seite zu gewinnen, wo sein Herr steht.)

Gülnare.
Wo der Täter? Schließt die Türen!

Karkhan.
Dieser war's! Seht ihr das Blut?
Seht den Dolch in seinen Händen!
Greift ihn!

Zanga.
Herr, errett, beschütze!

Gülnare.
Schütz ihn, ja, und hab's nicht Hehl!
War die Tat doch dein Befehl!

Rustan.
Mein Befehl? Der ich vor allen
Wünschen muß, daß dieser Mann,
Der allein den gift'gen Argwohn
Mir vom Haupt entfernen kann,
Daß er lebe, daß er fähig –
Mit der Hand, wenn stumm sein Mund
Auszusagen, was ihm kund;

Und ich sollt' ihn selbst verletzen,
Selbst Unmöglichkeit mir setzen,
Mich zu reinen hier zur Stund'?
Hat ihn dieser hier verwundet,
Steh dafür er selber ein;
Wer des Zeugen Worte scheuet,
Fühlt am mindesten sich rein.
War denn er nicht auch zugegen,
Als der alte Fürst erblich?
Warum einen nur beschuld'gen,
Teilt der Schein in viele sich?
Hat sein Arm es nicht vollzogen,
Tat's vielleicht sein Wort, sein Rat;
Oh, es gibt der Arten viele,
Zu begehen eine Tat!
Und so kehr ich ihm den Rücken,
Wende ab von ihm den Blick;
Ist er schuldlos, sei's zum Glücke,
Schuldig, hab ihn sein Geschick.

Zanga.
Herr!

Rustan.
Umsonst! Der Alte zeugte.

Zanga.
Das mein Dank?

Rustan.
Verräter, Dank?
Warst nicht du's, der mich verleitet,
Aus der Heimat mich gerissen,
Mich umgarnt, umsponnen mich?

Zanga.
Wohl! Nur eins dient dir zu wissen:
Stumm der Alte, doch nicht ich!
Sammelt euch! Ich will verkünden,

Wie man Reich und Krone finden,
Heben kann vom Staube sich.

Rustan.
Zanga!

Zanga.
Nun?

Rustan.
Du wolltest –?

Zanga.
Will!

Rustan.
Du hast recht! und wir sind töricht,
Uns dem dunkeln Werk der Lügen,
Unsrer Feinde Trug zu fügen,
Nun, da ihre List zerstört.
Jener Zeuge, dem sie trauten,
All ihr Treiben auf ihn bauten,
Ihres Hoffens einzig Pfand,
Stumm an Zunge, tot die Hand.
Bleib bei mir, ich will dich schützen,
Ewig sei der Treue Band!

Fürstin, ist dir sonst ein Mittel,
Muß zum letztenmal ich fragen,
Zu beweisen deine Klagen?
Noch ein Zeuge? Bring ihn her!

Gülnare.
Niemand, nein, als Gott und er.

Rustan.
Gott ist endlich über allen;
Aber nicht nur, *was* begangen,
Sieht das *Wie* auch, das *Warum.*
Nein, dein Zeuge hier vor Menschen
Zeuge jetzt zum letzten Male,

Schweige dann auf immerdar!
(Er ist zum Tische getreten und hat den darauf liegenden Zettel ergriffen, sich damit vor den Alten hinstellend.)
»Eures Königs Mörder« – Wer?
Warst du's selbst? Du wirst's nicht sagen.
War es jener dort, dein Neffe?
Er, ein Heuchler, und mein Feind?
War's des Königs eigner Mundschenk?
Oder sie, des Fürsten Tochter,
Die, nach Reich und Krone lüstern,
Vorgriff seinem trägen Ende?

Nicht mit Winken und Gebärden,
Deutlich zeug vor dem Gesetz!
(Mit steigender Schnelligkeit.)
War's mein Diener, den ich selber
Angeklagt im Taumelwahn?
War's ein Zufall? war's natürlich?
Waren's Krieger, waren's Bürger?
(Einzelne mit dem Finger bezeichnend.)
Jener? Der dort? Dieser?

Der Alte *(der sich während des Vorigen emporgerichtet und mit blitzenden Augen und hocharbeitender Brust dagestanden hat, stammelt jetzt in höchster Anstrengung, nach einigen unartikulierten Lauten).*
D-U!

Gülnare.
Spricht er?

Rustan.
Torheit! Aberwitz!
Abgebrochne Schmerzenslaute,
Formt ihr euch zu Sinn und Worten?
Kannst du zeugen, wohl, so zeuge!
Breche dann der Himmel ein.
Gib den Namen und vollende!
(Den Zettel hinhaltend.)
»Eures Königs Mörder« –

Der Alte *(nach einigen heftigen Bewegungen plötzlich die verwundete rechte Hand aus der sie haltenden Linken loslassend und mit gebrochenen Gliedern in die Arme der Umstehenden sinkend, leise aber schnell).*
Rustan!

Karkhan.
Gott, er stirbt!

Gülnare.
O ew'ge Vorsicht!

(Alle um den Alten beschäftigt. Pause.)

Rustan.
Zanga!

Zanga.
Herr!

Rustan.
Hast du vernommen?

Zanga.
Wohl!

Rustan.
Es ist nichts Wirklichs, sag ich.
Truggestalten, Nachtgebilde;
Krankenwahnwitz, willst du lieber,
Und wir sehen's, weil im Fieber.
(Es schlägt die Uhr.)
Horch, es schlägt! – Drei Uhr vor Tage.
Kurze Zeit, so ist's vorüber!
Und ich dehne mich und schüttle,
Morgenluft weht um die Stirne.
Kommt der Tag, ist alles klar,
Und ich bin dann kein Verbrecher,
Nein, bin wieder, der ich war.

(Eine Dienerin der Königin, die sich früher entfernt, kommt mit einem Fläschchen zum Beistande des Verwundeten zurück.)

Rustan.
Sieh, ist das nicht Muhme Mirza?
Auch ein Nachtgebild', wie jene,
Die dort um den Alten stehn!
Sieh, ich hauche, sie vergehn.

Wie? sie bleiben? nahen? dräuen?
Eingetaucht denn nur von neuen,
Laß uns nach dem Weitern sehn.

Gülnare *(sich von dem Alten emporrichtend).*
All umsonst! die Pulse stocken;
Nur zu sicher, er verging.
(Rustan erblickend.)
Du noch hier? noch immer trotzend?

Rustan.
Fürstin, halt! und ohne Hast!
Was hier wirklich, was geschehen,
Wieviel mir dran fällt zur Last,
Laß uns rechnen, laß uns abziehn,
Mir, was mein, dir, was du hast.
Manchen Dienst bist du mir schuldig,
Manches Gute dies dein Land,
Und doch schenk ich dir's zur Stunde,
Lasse los all was dich band.
Wähle von den reichsten Schätzen,
Nimm die köstlichsten Provinzen,
Kleinod, Perlen, Edelstein;
Mir laß eine leere Wüste,
Wo Verlangen buhlt mit Armut,
Wo kein Gold als Sonnenschein.
Doch die Herrschaft, sie sei mein.

Gülnare.
Dir die Herrschaft? Herrsch in Ketten!
Nehmt gefangen ihn!

Rustan.
  Bedenkt
(Der Hintergrund hat sich nach und nach mit Soldaten gefüllt.)
Nur ein Wort, und diese Krieger,
Deren Abgott ich in Schlachten –

Gülnare.
Für mich, doch nicht gegen mich!
Schau, sie fliehen deine Reihen!
Kommt zu mir her, meine Treuen!

(Die Krieger, die auf Rustans Seite gestanden haben, schließen sich einer nach dem andern, samt den Anführern, der gegenüberstehenden Reihe an.)

Rustan *(ihnen zurufend).*
Halt!

Gülnare.
  Verlaßt ihn, der mein Feind!

(Alle, bis auf einige wenige, sind übergetreten.)

Rustan *(den Säbel ziehend).*
Nun, wohlan, so gilt's zu fechten!
Hier mein Säbel, Zanga, bind ihn,
Bind ihn fest mit ehrnen Ketten.
Will den Kampfplatz denn betreten,
Erst im Tod laß ich den Stahl.

Zanga *(vor sich hin).*
Hier wird's heiß nun allzumal.
(Er entfernt sich hinter Rustans Rücken durch die Seitentüre links, die offenstehen bleibt.)

Rustan *(in Fechterstellung).*
Kommt nur an! Ihr alle, alle!

Gülnare *(ihm entgegentretend).*
Diese nicht, sie sind nur Diener;
Triff mich selber, hast du Mut!

Rustan *(zurückweichend).*
Alle, nur nicht dich!

Gülnare.
Ei, Kühner!
Trafst den Vater; scheust du Blut?

Rustan *(sich vor ihr zurückziehend).*
Zanga! Zanga!

Gülnare.
Nun mag's gelten!
Nun an euch! Nun nehmt ihn fest!

(Sie tritt nach der rechten Seite des Vorgrundes. Die dort Aufgestellten, Karkhan an ihrer Spitze, wenden sich nach dem Hintergrunde. Gefecht.)

Rustans Stimme.
Zanga! Zanga! Meine Pferde!

Karkhan.
Fürstin, schau dort durch die Zimmer,
Wo der Schwarze kaum entwich,
Sieh, mit hellentflammter Fackel
Ihn das weite Schloß durcheilen,
Und ich sorg, er steckt's in Brand.

Gülnare.
Mag das Schloß, ich selbst vergehen,
Fällt nur er von ihrer Hand!

(Sie eilt mit ihren Dienerinnen durch die Seitentüre rechts ab. Der Alte ist schon früher weggebracht worden. Das Gefecht hat sich zur Türe des Hintergrundes hinausgedrängt. Waffenlärm. Kurze Pause. Dann ertönen aus der Türe links Rustans Stimme, die wiederholt »Zanga!« ruft. Die Szene schließt.)

Kurzes ländliches Zimmer mit einer Türe im Hintergrunde und einer Seitentüre rechts. Dichtes Dunkel.

Mirza *(tritt mit einer Lampe, vom Hintergrunde her, auf).*
Horch! war das nicht seine Stimme?

Übrall, dünkt mich, hör ich ihn,
Hilfeflehend, Beistand rufend,
Wie in tödlicher Gefahr. *(An der Türe links horchend.)*

Und ich bin allein, und niemand
Hört mich an und tröstet mich,
Schilt mich töricht, nennt ihn sicher,
Wahrhaft nichts als meinen Schmerz.

Nein, ich kann es nicht ertragen!
Muß ein nahes Wesen suchen,
Auszuschütten meinen Kummer,
Zu erleichtern dieses Herz! *(An der Türe rechts.)*
Vater, kannst du ruhig schlafen,
Denkst nicht mein und meiner Angst?

Massuds Stimme *(aus der Seitentüre rechts).*
Mirza, du?

Mirza.
Ich bin's, bin's selber.
Wachst du, so wie ich in Kummer?
Bist besorgt um ihn, gleich mir?

Massud *(von innen).*
Ist's schon spät?

Mirza.
Drei Uhr vor Tage.

Massud.
Tritt nur ein.

Mirza.
Zu dir?

Massud.
Jawohl!
Gehn zusammen dann hinüber.

Mirza.
Wirklich? – O mein guter Vater!

Sieh, ich komme! – Und ihr Götter,
Euch sei er indes vertraut!
Während ich auf andres denke,
Während ich von anderm spreche,
Schützet ihr den teuren Mann!
Nicht vor Leiden nur und Nöten,
Auch vor Wünschen und Gedanken,
Daß kein Unheil mir ihn anficht,
Bis mein Innres wieder bei ihm,
Und ich wieder beten kann.

Massuds Stimme.
Kommst du nicht?

Mirza.
Sie nur, hier bin ich.
(Die Türe öffnend.)
Schon vom Lager? Schon gekleidet?
Oh, mein Vater! Oh, wie gut! *(Sie geht hinein.)*

Waldgegend. Rechts im Vorgrunde der hereinspringende Fels, im Hintergrunde die Brücke, wie zu Anfang des zweiten Aufzuges. Dunkel.

Ferner Schlachtlärm, der sich allmählich verliert.
Dann kommt Rustan, verwundet, auf Zanga gestützt.

Rustan.
Zanga, schau, wie steht das Treffen?

Zanga.
Treffen? Sag vielmehr: die Flucht!
Rings verlassen dich die Deinen,
Und der Rest, er liegt erschlagen
Unter Feindesschwerter Wucht.

Rustan.
Dahin kam es? Das das Ende?

Zanga.
Ei, verklage deine Hände!
Wie man schlägt, so fliegt der Ball.

Hättest du, so wie ich wollte,
Als der Feind uns hart bedrängte
In der buntverworrnen Stadt,
Wenn du damals mir vergönntest,
Feuerbrände einzuschleudern
In die schreckgeleerten Gassen,
In der Häuserreihe Zahl,
Hätten uns wohl ziehen lassen,
Stünde besser allzumal.

Rustan.
Ungeheuer! So viel Leben! –
Und wer weiß, ob es gelang?

Zanga.
Ob's gelang? Da sitzt der Knoten!
Nicht, weil's Frevel, weil's gefährlich,
Macht's der frommen Seele bang.
Und mit also schwankem Gang,
Mit so ärmlich halbem Mute
Wolltest du der Herrschaft Sprossen,
Du den steilen Weg zum Großen,
Du erklimmen Macht und Rang?
Bunt gemengt aus manchen Stoffen
Ist das Roherz der Gewalt,
Kaum der Brand von zehen Reichen
Gnügt, die Mischung auszugleichen,
Die im Tiegel kocht und wallt;
Doch ein Säkul erst im Nacken,
Dem Vergangnen ist man hold,
Feuer reint Metall von Schlacken,
Und der König glänzt wie Gold.
Doch du konntest's nicht ertragen,
Eng der Sinn, das Aug' nur weit,
Willst du siegen, mußt du wagen;
Kehre denn zur Niedrigkeit!

Rustan.
Das zu hören von dem Diener,
Von der Frevel Stifter, Helfer!

Zanga.
Helfer? Stifter? Das vielleicht!
Aber Diener? Laß mich lachen!
Wessen Diener? wo der Herr?
Bist du nicht herabgestiegen,
Nicht gefallen von der Höhe,
Die mein Finger dir gewiesen,
Weil dem mächt'gen Willensriesen
Fehlte Mut zur kühnen Tat?
Gleich umfängt uns Schuld und Strafe,
Gleich an Anspruch, Rang und Macht;
Und wie gleich im Mutterschoße,
Schaut als Gleiche uns die Nacht.

Rustan.
Nun, wohlan, so rett uns beide!
Sinn auf Mittel, steh bei mir!
Denn welch Ausweg bliebe dir,
Der gewußt um solche Taten?

Zanga.
Welcher Ausweg? Dich verraten!
Oder glaubst du, kleinen Sold
Zahlt man dem, der aus dich liefert?
Ei, dein Kopf ist eitel Gold!

Rustan *(einen Hieb nach ihm führend).*
Teufel! Ungeheuer!

Zanga *(mit dem Schwert, das er entblößt unter dem Mantel getragen, den Streich auffangend und ihm den Säbel aus der Hand schlagend).*
Halt!
Darauf war ich vorbereitet.
Vorsicht übt man mit euch Herrn,
Die Verzweiflung schlägt gar gern!

Und was hält mich nun noch ab,
Dir den langgedehnten Stahl
Gradaus in die Brust zu stoßen,
Übend so die eigne Rache,
Des zertretnen Landes Sache
Eines Streichs mit einem Mal?
Und doch nein; schrick nicht zurück!
Warst du gleich ein schwacher Schüler,
Warst mein Schüler immer doch,
Das Gebilde meiner Hände
Ehr ich selbst zerschlagen noch.
Fliehe du, ich bleibe hier;
Sammle deines Glückes Trümmer,
Sonne mich in neuem Schimmer,
Du giltst tot. der Lohn wird mir.
(Nach dem Hintergrunde zeigend.)
Dort dein Weg! Nach dorthin flieh!

Rustan.
Zanga, noch zum letzten Male!
Geh mit mir! Denk, was ich war;
Wie die Menschen mir gehuldigt;
Denk der Gnaden, die ich häufte
Auch auf dich, ob deinem Haupt.

Zanga.
Als du mich des Mords beschuldigt,
Weil du hilflos mich geglaubt?

Rustan.
Eins und alles sei vergessen!
Bin verwundet, steh mir bei!
Nicht des Pfads, der Gegend kundig.

Zanga.
Nicht der Gegend? Ha, ha, ha!
Sieh um dich, es ist dieselbe,
Wo den König du gerettet,
Du und einer noch zumal;

Wo du jenen andern trafst.
Siehst du dort die dunkle Brücke?
Sie, der erste Weg zum Glücke,
Sei nun auch des Unheils Pfad.

Rustan.
Weh mir, weh!

Zanga *(auf die Brücke zeigend).*
Nach dorthin flieh!

Rustan.
Nimmermehr betret ich sie!
Dort hinaus! *(Nach der rechten Seite gewendet.)*

Zanga.
Ei ja! ei ja!
Doch bemerk nur erst die Flämmchen,
Die die Gegend rings durchziehn.
Sind nicht Geister der Erschlagnen,
Krieger sind's, die Fackeln tragen,
Suchend dich!

Rustan *(nach links gekehrt).*
Nun denn, zurück!
Rück den Weg, auf dem wir kamen.

(Entfernte Trompetenklänge von der linken Seite.)

Zanga.
Horch! Was dünkt dir von dem Klang?
Die Verfolger auch im Rücken,
Eingeengt bist du, umgarnt,
Traust du noch nicht dem, der warnt?
Dort dein Weg!

Rustan *(der den emporsteigenden Weg betreten hat, der zur Brücke hinanführt, stehenbleibend).*
Ich kann nicht, kann nicht!
Daß ich jemals dir getraut!

Zanga.
Fühlst du's jetzt erst, da's zu spät?

Rustan.
O mir schwindelt, o mir graut!
Fahles Licht zuckt durch die Gegend,
Fieber rasen im Gehirne,
Und die schwankenden Gestalten,
Nicht zu fassen, nicht zu halten,
Drehen sich im Wirbeltanz.
Feind! Versucher! Böser Engel!
Wohin schwandst du? Bist so dunkel!

Zanga *(der Mantel und Kopfbedeckung weggeworfen hat und in ganz schwarzer Kleidung dasteht).*
Mir ist warm, und ich bin schwarz.

Rustan.
Schlangen scheinen deine Haare!

Zanga *(zwei flatternde Streifen, die sein Haupt umschlingen, aus den Haaren ziehend).*
Bänder, Bänder! nichts als Bänder!

Rustan.
Und das Kleid auf deinem Rücken
Dehnt sich aus zu schwarzen Flügeln.

Zanga.
Böse Falten, und doch gut auch.
So trägt man's bei uns zulande.

Rustan.
Und zu deinen Mörderfüßen
Leuchtet's fahl mit düsterm Glanz.

Zanga *(einen gestiegen kolbenartigen Körper aufhebend, der schon früher am Boden lag, aber erst jetzt zu leuchten anfängt).*
Faules Holz und Moderschwamm!
Doch zu brauchen, dient als Leuchte.
(Den Körper emporhaltend, der ein stärkeres Licht gibt.)

Leuchtet dir hinab zum Abgrund.
Dort hinauf! dort nur ist Rettung.
Bist umsponnen, siehst du? Feinde!

(Auf der rechten Seite des Vorgrundes treten Gewaffnete auf.)

Anführer.
Ja, er ist's! Gib dich gefangen!

Rustan.
Weh!

Zanga.
Hinauf!

(Auf der linken Seite, hinter Zangas Rücken, erscheinen Krieger.)

Anführer.
Hier ist der Frevler.

Zanga.
Nur hinauf!

Rustan *(eilt den Weg zur Brücke hinauf).*

Anführer *(der auf der linken Seite stehenden Krieger).*
Verrennt den Weg ihm!

(Einige folgen ihm.)

Rustan *(erscheint neben der Brücke).*
Zanga!

Zanga.
Nur die Brücke frei noch!

(Rustan hat die Brücke betreten.)
(Auf der rechten Seite der Anhöhe erscheint Gülnare mit Gefolge und Fackeln.)

Gülnare.
Halt! du Blut'ger!

Zanga.
Willst du fallen
Von des Henkers Hand, ein Feiger?

Nun stehst du am rechten Platze!
Stürz hinab dich in die Fluten,
Stirb als Krieger, fall als Held!

Gülnare.
Gib dich! gib dich!

(Von allen Seiten sind Krieger mit Fackeln aufgetreten. Die Gewaffneten dringen näher.)

Zanga.
Mir! Verloren!

Eine Rustan ähnliche Gestalt stürzt sich in den Strom. In demselben Augenblicke bricht der Fels rechts im Vorgrunde zusammen. Rustan auf seinem Bett liegend wird sichtbar, die beiden Knaben, wie am Schlusse des ersten Aufzuges, ihm zur Seite. Ein Schleier zieht sich über die Gegend, ein zweiter, ein dritter. Die Gestalten werden undeutlich. Zanga versinkt, Wolken bedecken das Ganze.

Rustan *(sich im Schlafe bewegend).*
Weh mir, weh! ich bin verloren!

(Der zu Füßen des Bettes stehende, dunkelgekleidete Knabe zündet seine Fackel an der brennenden des zu Häupten stehenden buntgekleideten an, der dafür die seine gegen den Boden auslöscht. Rustan erwacht. Die Knaben versinken. Die Wolken rückwärts verziehen sich. Das Innere der Hütte erscheint, wie im ersten Aufzuge.)

Rustan *(emporfahrend und seine Arme befühlend).*
Leb ich noch? Bin ich gefangen?
So verschlang mich nicht der Strom?
Zanga! Zanga! O mein Elend!

Zanga *(in seiner Haustracht, wie im ersten Aufzuge, tritt ein mit einer Lampe, die er hinsetzt).*
Endlich wach! Der Morgen graut,
Und die Pferde stehn bereitet.

Rustan.
Unhold! Mörder! Schlange! Teufel!
Kommst du her, um mein zu spotten?
Sind gleich Vipern deine Haare,
Flammen deiner Augen Sterne,
Und ein Blitz in deiner Hand,
Doch, ein Sterblicher, Verlockter,
Will ich kühlen meine Rache,
Und der Dolch hier soll versuchen,
Ob dein Leib von gleichem Erz,
Als die Stirn, der Grimm, das Herz.

(Er hat den Dolch ergriffen, der neben seinem Bette hängt, im Begriff ihn zu schleudern.)

Zanga.
Hilfe! Weh, er ist von Sinnen!
Mirza! Massud! Hört denn niemand?

(Er entflieht.)

Rustan.
Er entfloh! Ich bin nicht machtlos,
Seine Macht nicht unbezwinglich!
Und nun fort aus diesen Räumen,
Rings umstellt mit Todesgrauen!

Nur noch erst verlöscht das Licht
Das mich kund gibt meinen Feinden.
(Er bläst die Lampe aus. Durch das breite Bogenfenster, das die größere Hälfte des Hintergrundes einnimmt, sieht man den Horizont mit den ersten Zeichen des anbrechenden Tages besäumt.)
Wo die Türe? Ist kein Ausgang
Aus den Schrecken dieser Orte?
Muß ich hier denn untergehn?
Horch! man kommt! So will ich teuer
Nur verkaufen dies mein Leben;
Tod empfangen, doch erst geben.
(Er ergreift den neben seinem Bett stehenden Säbel.)

(Massud und Mirza kommen. Letztere trägt eine hellbrennende Leuchte in der Hand.)

Rustan.
Ha, der König? und Gülnare?
Nicht der König! – Wär' es möglich?
Du scheinst Massud. – Mirza! Mirza!
Seid ihr tot, und bin ich's auch?
Wie kam ich in eure Mitte?
Sehe wieder diese Hütte?

Oh, verschwende nicht dein Anschaun,
Diese liebevollen Blicke,
An den Dunkeln, den Gefallnen!
Denn was mir die Liebe gibt,
Zahl ich rück mit blut'gem Hasse. –
Und doch nein, dich haß ich nicht!
Nein, ich fühl's, dich nicht. – Und dich nicht. –
Haß? – Oh, mit welch warmen Regen
Kommt mein Innres mir entgegen?
Hasse euch nicht! Hasse niemand!
Möchte aller Welt vergeben,
Und mit Tränen, so wie ehmals
In der Unschuld frommen Tagen,
Fühl ich neu mein Aug' sich tragen.

Mirza.
Rustan!

Rustan.
Nein, bleib fern von mir!
Wüßtest all du, was geschehn,
Seit wir uns zuletzt gesehn.

Mirza.
Uns gesehn?

Rustan.
Den Tagen, Wochen –

Mirza.
Wochen? Tagen?

Rustan.
Weiß ich's? Weiß ich's?
Furchtbar ist der Zeiten Macht.

Mirza.
War's denn mehr als eine Nacht?

Zanga *(in der Türe erscheinend).*
Herr, befiehlst du nun die Pferde?

Mirza.
Ach, erinnre dich doch nur!
Gestern abends – Sag ihm's, Vater,
Mir wird gar zu schwer dabei.

Massud.
Gestern abends, weißt du nicht?
Wolltest du von uns dich trennen,
Du befahlst für heut die Pferde.
Es ist Tag, und sie sind hier.

Rustan.
Gestern abends?

Massud.
Wann nur sonst?

Rustan.
Gestern abends? Und das alles,
Was gesehen ich, erlebt,
All die Größe, all die Greuel,
Blut und Tod, und Sieg und Schlacht –

Massud.
War vielleicht die dunkle Warnung
Einer unbekannten Macht,
Der die Stunden sind wie Jahre
Und das Jahr wie eine Nacht,
Wollend, daß sich offenbare,

Drohend sei, was du gedacht,
Und die nun, enthüllt das Wahre,
Nimmt die Drohung samt der Nacht.
Brauch den Rat, den Götter geben,
Zweimal hilfreich sind sie kaum.

Rustan.
Eine Nacht? und war ein Leben.

Massud.
Eine Nacht. Es war ein Traum.
Schau, die Sonne, sie, dieselbe,
Älter nur um einen Tag,
Die beim Scheiden deinem Trotze,
Deiner Härte Zeugnis gab,
Schau in ihren ew'gen Gleisen
Steigt sie dort den Berg hinan,
Scheint erstaunt auf dich zu weisen,
Der so träg in neuer Bahn;
Und mein Sohn auch, willst du reisen,
Es ist Zeit, schick nur dich an!

(Die durch das Fenster sichtbare Gegend, die schon früher alle Stufen des kommenden Tages gezeigt hat, strahlt jetzt im vollen Glanze des Sonnenaufganges.)

Rustan *(auf die Knie stürzend).*
Sei gegrüßt, du heil'ge Frühe,
Ew'ge Sonne, sel'ges Heut!
Wie dein Strahl das nächt'ge Dunkel
Und der Nebel Schar zerstreut,
Dringt er auch in diesen Busen,
Siegend ob der Dunkelheit.
Was verworren war, wird helle,
Was geheim, ist's fürder nicht.
Die Erleuchtung wird zur Wärme,
Und die Wärme, sie ist Licht.

Dank dir, Dank! daß jene Schrecken,
Die die Hand mit Blut besäumt,
Daß sie Warnung nur, nicht Wahrheit,
Nicht geschehen, nur geträumt;
Daß dein Strahl in seiner Klarheit,
Du Erleuchterin der Welt,
Nicht auf mich, den blut'gen Frevler,
Nein, auf mich, den Reinen fällt.

Breit es aus mit deinen Strahlen,
Senk es tief in jede Brust:
Eines nur ist Glück hienieden,
Eins, des Innern stiller Frieden,
Und die schuldbefreite Brust.
Und die Größe ist gefährlich,
Und der Ruhm ein leeres Spiel;
Was er gibt, sind nicht'ge Schatten,
Was er nimmt, es ist so viel.

So denn sag ich mich auf immer
Los von seiner Schmeichelei,
Und von dir, noch auf den Knien,
Fleh ich, Ohm, der Gaben drei.

Mirza.
Rustan! Vater!

Rustan.
Erst verzeih!
Nimm, geneigt der heißen Bitte,
Wieder auf in deine Hütte
Den Verirrten, seine Reu'!

Mirza.
Hörst du, Vater?

Massud.
Oh, wie gerne!

Rustan.
Dann gib dem Versucher dort,

Ihm, vor dem gewarnt die Sterne,
Gib die Freiheit ihm, gib Gold,
Laß ihn ziehn in alle Ferne!

Zanga.
Herr!

Rustan *(zu Zanga).*
        Ich will's! – Ich bitte, Vater!

Massud.
Du begegnest meinen Wünschen.
(Zu Zanga.)
Ziehe hin, denn du bist frei!
Nimm dir eins der beiden Pferde.
Was des Säckels Inhalt faßt,
Den ich gab als Reisezehrung,
Es sei dein, nur aber scheide!

Zanga.
Wirklich frei?

Massud.
        Du bist's!

Zanga *(gegen Rustan).*
                Was sag ich?

Rustan.
Zeig den Dank, indem du gehst.

Zanga.
Ich benütz die erste Freude.
Lebt denn wohl, ihr Guten beide!
Schöne Jungfrau, seid bedankt.
Und nun fort, durch Busch und Heide!

(Mit einem Sprung zur Türe hinaus.)

Rustan *(der aufgestanden ist).*
Nun zur letzten meiner Bitten!
Gestern abend, noch beim Scheiden,

Ließest du mich hoffen, glauben,
Daß hier diese, deine Tochter –

Massud.
Davon schweig, und sprich nicht weiter!
Dies mein Haus und jede Gabe
Teil ich mit dem Reu'gen gern,
Doch was mehr als Haus und Habe,
Meines Lebens tiefsten Kern,
Damit laß für jetzt mich sparen,
Bis die Zeiten offenbaren,
Ob, was floh, auf immer fern.

Rustan.
Oheim, wie? und du kannst zweifeln?

Massud.
Nicht, daß jetzo du so fühlst,
Doch vergiß es nicht, die Träume,
Sie erschaffen nicht die Wünsche,
Die vorhandnen wecken sie;
Und was jetzt verscheucht der Morgen,
Lag als Keim in dir verborgen,
Hüte dich, so will auch ich.

Rustan.
Oheim, höre!

Mirza.
Hör ihn, Vater!

Massud.
Du auch trittst auf seine Seite?

Mirza.
Ist er doch so mild und gut.

(Leise Klänge lassen sich hören.)

Massud.
Horch!

Mirza.
Mein Vater!

Massud.
Leise Töne!

Mirza.
Sprich ein Wort!

Massud.
Sie kommen näher.

(Zanga und der alte Derwisch gehen außen am Fenster vorüber. Der Alte spielt die Harfe, Zanga bläst auf der Flöte dazu. Es ist die am Ende des ersten Aufzuges gehörte Melodie.)

Massud.
Ist das Zanga nicht, der Schwarze?
Und der Greis an seiner Seite –

Rustan.
Weh! Entsetzen!

Mirza.
Und warum?
Ist es doch der güt'ge Derwisch,
Er, der wundertät'ge Mann,
Der mit Raten und mit Lehren
Vatergleich an mir getan.

Rustan.
Nun hinab, ihr dunkeln Träume!
Vater, sprich ein gütig Wort!

Massud.
Schau, sie nahen, schau, sie kommen!
Neigen nun sich vor der Sonnen.

Mirza.
Vater! sprichst du nicht?

Massud *(leise).*
Ei später!
Laß uns horchen jetzt. Nur leis!

Rustan *(ebenso).*
Aber dann –?

Mirza. *(ebenso).*
Versprich es!

Massud.
Stille!

Rustan *und* **Mirza** *(sich umfassend).*
Vater! Oheim!

Massud *(noch immer nach außen hinhorchend, mit der linken Hand das Zeichen der Einwilligung gebend, leise).*
Ja doch; sei's!

(Die beiden sinken, ihn und sich umfassend, auf die Knie. Die Töne klingen noch immer fort.)

(Der Vorhang fällt.)